1 MONTH OF
FREE
READING

at

www.ForgottenBooks.com

By purchasing this book you are eligible for one month membership to ForgottenBooks.com, giving you unlimited access to our entire collection of over 700,000 titles via our web site and mobile apps.

To claim your free month visit:

www.forgottenbooks.com/free365141

ISBN 978-0-483-67311-3
PIBN 10365141

This book is a reproduction of an important historical work. Forgotten Books uses
state-of-the-art technology to digitally reconstruct the work, preserving the original format
whilst repairing imperfections present in the aged copy. In rare cases, an imperfection in
the original, such as a blemish or missing page, may be replicated in our edition. We do,
however, repair the vast majority of imperfections successfully; any imperfections that
remain are intentionally left to preserve the state of such historical works.

Bien vive hommage

Raymond Clauzel.

Philippe II d'Espagne

Le Chêne sage et les Roseaux fous, roman,
2ᵉ édition. 3 50
L'Extase, roman, 5ᵉ édition. 3 50
L'Aube rouge, roman (en cours de publication).
Myrtha, poème dramatique. . . . .   ▲ ˮ

ÉTUDES HUMAINES

FANATIQUES

I. — Maximilien Robespierre 3 50
II. — Philippe II d'Espagne. 3 50
III. — Calvin et Cromwell (en préparation).

RAYMOND CLAUZEL

ÉTUDES HUMAINES

FANATIQUES

II

Philippe II d'Espagne

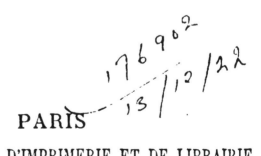

PARIS

SOCIÉTÉ FRANÇAISE D'IMPRIMERIE ET DE LIBRAIRIE

ANCIENNE LIBRAIRIE LECÈNE, OUDIN ET Cⁱᵉ

15, rue de Cluny, 15

1913

Philippe II d'Espagne

I

L'ABDICATION DE CHARLES-QUINT.

Une esquisse rapide du portrait psychologique de Charles-Quint sera certainement la meilleure introduction possible à l'étude de la valeur humaine et royale de Philippe II. Le lieu de père à fils qui existe entre eux implique nécessairement l'examen de l'hérédité subie par le roi catholique. Mais l'intérêt principal de ce préliminaire n'est pas là. C'est comme personnes distinctes, en leurs différences et similitudes, qu'il faut surtout les envisager. La puissante complexité de l'un rendra plus saisissante et significative la concentration singulière de l'autre.

La plupart des existences, même les plus uniformes, sont marquées de loin en loin par quelque acte culminant, ou par certaines manifestations majeures, préméditées ou soudaines, qui tiennent au moi en son intimité la plus profonde, et le caractérisent ainsi sur le vif, par-dessous le masque et le déguisement. Ces lueurs subites sur l'âme, ces sautes incoercibles du naturel, ordinairement domestiqué, ne peuvent qu'être très précieuses pour établir l'identité psychique d'un individu.

Telle est bien la valeur, dans la vie de Charles-Quint, de la suite d'actes extraordinaires par lesquels le monarque ambitieux de domination et de gloire, abdiqua son immense pouvoir sur les hommes et les peuples, pour se retraire en la solitude érémitique de Yuste.

Le 25 octobre 1555, lorsque le « maître du monde » dans la salle d'honneur du palais de Bruxelles, en décor de grand apparat, prélude à ces abdications volontaires et opiniâtres qui devaient, selon sa propre expression, le « desnuer de tout », il explique lui-même que sa détermination est causée par ses souffrances et maladies. Il prie même instamment ses sujets de ne pas chercher à cette détermination d'autres motifs que ceux indiqués par lui. Et, en général, comme il le désirait, on l'a cru sur parole. On l'a d'autant mieux cru que son aspect physique et son air douloureux témoignaient tristement de sa caducité. En le voyant chenu, distors, crispé, presque impotent, il n'était guère permis de douter de ses raisons et de ne pas les trouver suffisantes. Pourtant, certains ne paraissent pas avoir été tout à fait convaincus. Le pape Paul IV, par exemple, a jugé en la circonstance que l'empereur était *impos mentis*, et sans doute n'avait-il point tort, si l'on répute fous les actes qui relèvent d'une explication singulière ou mystérieuse. Philippe II ne devait pas juger son père complètement invalide, puisque, plusieurs mois après son abdication, il projetait de le faire rester dans le « brouilly du Nord », comme le lui reproche sa tante, la reine de Hongrie, et de lui laisser la lourde charge du gouvernement des Pays-Bas. Un peu plus tard, lorsque l'empereur est pacifiquement installé à Yuste, il le sollicite encore de prendre le commandement de l'armée qui devait attaquer la France par les Pyrénées.

Quoique accablé et valétudinaire, l'empereur,

en 1555, n'était certainement point tombé dans le gâtisme et la débilité séniles. D'abord, après l'abdication, ses appétits physiques furent peu atténués. Bien qu'à demi empoisonné par son estomac, il n'en continue pas moins à satisfaire la voracité de sa bouche. Il est souvent question, dans la correspondance de son majordome Quijada ou du secrétaire Martin de Gatzelu, de tonnelets d'anchois, de saucisses de Tordesillas, de pâtés d'anguilles ou de perdrix de Gama, d'huîtres en escavèches et autres victuailles de haut goût, qu'il arrosait de vin blanc doux, de bière ou d'un fort vin noir mixturé de séné. Sur la question femme, le solitaire de Yuste paraît vraiment s'être fait ermite, si l'on en juge par le ban qu'il fit publier pour interdire à tout jupon d'approcher à plus d'une lieue du monastère hiéronymite, et, par conséquent, de sa demeure qui en était contiguë. Mais, à son âge, après une longue intempérance, ce refroidissement est bien compréhensible. L'homme faisant une telle chère et qui conservait la force de s'appliquer la discipline jusqu'au sang, aurait sans doute pu gouverner encore ses états, avec tous les allégements nécessaires, comme le fit son fils dans des souffrances et des conditions à tous égards pires. D'ailleurs, à

Yuste même, il donne encore la preuve de sa capacité à cet égard (1).

Charles-Quint a indiqué par ailleurs un autre motif de sa retraite. Peu après l'acte de Bruxelles, il avoue que son intention, en se retirant au monastère de Yuste, est d'y achever les jours qui lui restent à vivre « et d'y faire pénitence, ajoute-t-il, en réparation et amendement des choses dans lesquelles j'ai gravement offensé Dieu ». Il répétera encore en d'autres circonstances que son unique souci, désormais, sera de faire le salut de son âme.

Il est sans doute vraisemblable que Charles-Quint, croyant et dévot même, désirât racheter ses fautes. Mais cela doit-il nous porter à croire que ce furent surtout des repentirs qui jetèrent ce fort dans la prosternation et la prière ? En attendant de donner une réponse catégorique à cette question, il est permis de douter, puisque l'empereur, malgré son changement de vie complet, semble avoir persisté jusqu'au bout dans le même principe de sentiments et d'actions qui ont dominé sa vie, et encore avec

---

(1) « Summis enim rebus, ut de bello et pace se consuli, deque fratris liberorum et sororum salnte, et statu rerum certiorem fieri non recusabat. » Sepulveda, *Operæ*, II, 541.

aggravation de ses penchants les plus terribles.
D'ailleurs, quelles que fussent les ruses félines
ou les extrémités brutales de sa politique,
Charles-Quint n'a certainement jamais pensé
offenser Dieu. Les actes les plus violents, sus-
ceptibles d'alarmer sa conscience de catholique,
pouvaient être entre autres le sac abominable
de Rome par les soldats de Bourbon et ses
duretés envers Clément VII. Or, à Yuste, il
approuve véhémentement l'expédition justifiée
politiquement d'ailleurs, que Philippe II prépare
contre Paul IV, mais qui pouvait donner lieu
à semblable scandale dans la chrétienté ; et
lorsque son fils est vainqueur du Souverain
Pontife, il est furieux que Philippe n'ait pas
âprement profité de sa victoire. Ce ne sont pas
davantage les mesures de rigueur édictées
contre les hérétiques qui inquiétaient sa conscience, car il excite par ses exhortations, au
lieu de la contenir, la dure politique religieuse
que Philippe II inaugurait. Je ne crois pas qu'on
puisse trouver en lui la moindre trace de remords politiques, sauf en ce qui concerne la
spoliation de la Navarre, mais ce n'est assurément pas pour ce motif que son âme se déses-
pérait. Etait-il hanté alors par le souvenir de
mauvaises actions ayant un caractère plus

intime ? La plus grave imputation qu'on lui puisse faire à cet égard, c'est d'avoir été, pendant plus de quarante ans, le bourreau de sa mère.

Il ressort, en effet, des pièces exhumées des archives de Simancas, en 1868, par les savants du *Record-Office* (1), que *Juana la locca*, Jeanne la Folle, fille d'Isabelle de Castille et de Ferdinand le Catholique, épouse du Bourguignon Philippe le Beau et mère de Charles-Quint, fut enfermée comme démente par son père et son mari, alors qu'elle avait toute sa raison, et maintenue ensuite prisonnière par son fils jusqu'à la fin de ses jours. La lettre que Juana écrivit des Pays-Bas, le 13 mai 1505, après la mort d'Isabelle, à un conseiller de son père, contient l'explication essentielle de l'affaire : « Puisque là-bas (en Espagne) ils jugent que je suis privée de raison, faites comprendre à mon père combien ceux qui m'accusent ainsi lui font de tort à lui-même, car ils font entendre qu'il profite de cette accusation pour usurper le gouvernement de mon royaume, et je ne peux croire que ce soit sa pensée. J'avoue que mon mari s'est plaint de mes colères, mais ce sont

---

(1) Bergenroth, *Calendars of letters...* Voir cette affaire traitée dans ses détails par Forneron, *Hist. de Philippe II*, I, 401-417, et II, 392-403.

querelles qu'un père doit tenir secrètes entre
ses enfants, et si j'ai eu des violences, chacun
sait que j'ai été poussée par la jalousie. »

Pour ne pas avouer qu'il était dissolu, Philippe le Beau accusait sa femme d'avoir perdu
la tête. Ferdinand, après la mort d'Isabelle, ne
voulait pas laisser se disjoindre les couronnes
d'Aragon et de Castille. Il était bien résolu à
sacrifier sa fille pour réaliser l'unité de l'Espagne. L'occasion paraissait belle. Il prit son
gendre au mot. Jeanne, étant folle, ne pouvait
succéder à sa mère. L'avantageux Philippe proteste. Il qualifie de « bourdes infinies » les raisons de son beau-père. Mais le renard aragonais
n'est pas embarrassé pour prendre le beau paon
bourguignon au piège.

L'affaire eut lieu dans l'entrevue de Villafilla.
Philippe se laissa persuader par son rusé beau-
père d'interner Jeanne pour régner à sa place.
Marché superbe pour ce débauché. Il devenait
roi et se débarrassait d'une femme irascible.
Aussi se flatte-t-il d'avoir donné ‹ la bouchée »
à Ferdinand. Mais la bouchée, ce fut lui, le
malheureux, qui ne tarda pas à la recevoir, car
il mourut peu après, à l'issue d'un repas, les
intestins calcinés probablement par un poison.
Après ce coup double, Ferdinand restait le

maître et, afin de le demeurer, il créait la légende
de la folie de sa fille, avec tous les incidents
lugubres que l'on cite à ce propos. Pour dé-
traquer Juana, il la fait mettre brusquement en
présence du cadavre de son mari, décédé depuis
plusieurs mois. Bien mieux, il contraint l'in-
fortunée à voyager seule, de Burgos à Grenade,
dans une voiture fermée comme un tombeau,
ayant à son côté la bière nauséabonde du trépassé. Après quoi, il répond à Henri VIII
d'Angleterre qui demande Juana en mariage :
« Mais il faut que vous sachiez que ma pauvre
fille garde continuellement auprès d'elle le corps
du roi don Philippe, son mari. »

Lorsque Charles-Quint succède à Ferdinand,
il y a douze ans que sa malheureuse mère en-
dure les sévices de l'Aragonais Mosen Ferrer,
dans la citadelle de Tordesillas. Le cardinal
Cisneros, son ministre, l'informe du martyre
subi par la captive et atteste qu'elle n'est point
folle. Charles répond durement « que ceux qui
s'occupent de ces choses ont de mauvaises intentions ». Et durant quarante ans, non seulement il continue, mais encore aggrave si bien
le forfait de son grand-père, que la malheureuse
séquestrée, privée d'air et de lumière, devint
hagarde à la longue, avec des ongles claquants

et des regards qui chaviraient comme sa pauvre raison.

Que Charles-Quint ait éprouvé des remords pour un tel crime qu'aucune raison d'état ne saurait absoudre, c'est vraisemblable. Hypocrite ou expiatoire, il porta jusqu'à sa mort le deuil de celle qu'il ose appeler, dans son allocution de 1555, « ma mère bien-aimée ». Il eut quelquefois des hallucinations affreuses, au cours desquelles le fantôme désolé de la victime lui apparaissait. Chaque jour, il faisait dire une messe pour le repos de l'âme de celle qui mérite bien le nom de *mater dolorosa*. Mais je dirai bientôt pourquoi ce remords, le plus terrible assurément qu'il pût avoir, n'est certainement pas la cause déterminante de sa claustration.

Il est permis de faire intervenir en outre, comme motif inavoué de l'abdication de Charles-Quint, l'amertume que le grand triomphateur dut subir devant le déclin de son étoile. On connaît son exclamation navrée après le revers de Metz : « La fortune ne sourit qu'aux jeunes (1). » Certes, bien qu'au moment de sa retraite il eût quelque peu raffermi ses affaires,

---

(1) « La fortuna era de' giovanni amico », Strada, *Guerra di Fiandra*, I,15.

les motifs de découragement ne lui manquaient
pas.

Mais toutes ces causes : décrépitude physique,
repentances et terreurs intérieures, lassitude et
dégoût, ne nous donnent pas la réponse cher-
chée. Un empereur, quoique fatigué et déçu, et
quelque peu habitué à étouffer, par raison supérieure, des scrupules dans sa conscience, ne
quitte point le trône, comme un bonnetier sa
boutique, après fortune faite. Les Dioclétiens
sont plutôt rares par le monde. Si la plupart
des hommes aiment à vieillir dans leurs préro-
gatives, à plus forte raison les monarques en
leur souveraineté. Cependant l'exception est
admissible, puisqu'on en a des exemples, et que
celle qui nous occupe s'est réalisée. Mais pour
quel motif ? Ceux que nous venons d'envisager
sont-ils assez puissants pour défroquer l'homme
du roi ! Oui et non, cela dépend du personnage.
S'il n'y avait eu en Charles-Quint que ces raisons, il me semble, tout bien considéré, qu'il
n'eût jamais abdiqué. Mais écartons cette dis-
cussion, certainement oiseuse et inutile. La
preuve que les motifs historiquement admis de
l'abdication de Charles-Quint sont secondaires
et accessoires, c'est que le dessein de l'empereur à ce sujet leur *est antérieur*.

Un peu avant d'arriver à Yuste, Charles-Quint fait connaître lui-même à l'ambassadeur portugais Lourenço Pires de Tavora que son dessein de retraite cénobitique s'était formé au retour de l'expédition de Tunis (1555), donc à l'un des moments les plus glorieux de son règne, et vers sa trente-cinquième année. Ses compagnons, les frères hiéronymites de Yuste, comme l'indique la relation manuscrite de l'un d'eux, reçurent une confidence pareille. Sepulveda, historiographe de l'empereur, indique que son héros conçut le dessein de se claustrer du vivant de l'impératrice sa femme. Lorsque *François le Pêcheur, alias* François de Borja, duc de Gandia, vint visiter Charles-Quint au village de Jarandilla, les deux amis, se remémorant les projets de renoncement au monde qu'ils avaient formés alors qu'ils étaient des puissants de la terre, constatent qu'ils ont tous deux tenu parole : *Bien avemo cumplido ambos nostras palabras,* dit l'empereur (1). Le P. Siguneza rapporte que Charles, douze ans avant sa retraite, avait fait visiter le monastère de Yuste et la *Vera de Plasencia,* vallée dans laquelle il

(1) Ribadeneyre, *Vita del padre Francisco de Borja,* fol. 380.

est situé (1), pour se rendre compte des lieux et du climat.

L'antériorité du désir primitif sur les faits par lesquels on explique l'acte est donc bien établie. L'origine de la manifestation ne se trouve ainsi sûrement pas dans certains faits extérieurs ou dans quelqu es états de conscience fortuits. L'abdication de Charles-Quint est une victoire tardive de l'être subjectif sur l'homme du monde ; c'est la libération d'une âme avide de contemplations mystiques et de voluptés spirituelles, du harnois politique.

Presque toujours nos facultés ou nos habitudes dominantes usurpent notre personnalité naturelle, essentiellement complexe et multiple. Tandis qu'une partie de nous-même s'hypertrophie, l'autre s'atrophie ; tandis que l'une s'étend en espalier face au bon soleil de la nature, ou se dresse en façade du côté de la vie sociale, l'autre sommeille et s'enlise doucement dans les brumes de l'inconscient. Nous sommes, soit des brutes physiques, soit des bêtes de somme utilitaires, soit des archanges spirituels. L'un ou l'autre, mais rarement l'un et les autres. Nous vivons des lambeaux ou

(1) *Historia de la Orden de San-Geronimo.*

des fibres d'existence ; nous allumons de petits feux de joie ou de douleur sur des montagnes compactes d'ombre et riches de mines ignorées. L'homme d'action sera toujours sur le pas de sa porte et ne fréquentera que les événements extérieurs ; le subjectif, au contraire, traînera son âme dans la rue, comme une maîtresse qu'on affiche, ou s'ensevelira en elle pour y perdre la mémoire du monde. La nature humaine a deux pôles, l'un physique, l'autre métaphysique, et il semble que l'un doive toujours demeurer négatif, lorsque l'autre est positif, tandis qu'ils devraient passer simultanément par l'une ou l'autre de ces alternatives. Quoique rares, on peut observer quelques cas de complexion double. Charles-Quint en est un, non des plus parfaits, mais remarquable cependant. C'est pour cela que l'on reconnaît en lui, malgré ses infirmités physiques et ses tares morales, l'un des plus beaux chênes de la forêt humaine.

L'enfance de Charles-Quint fut souffreteuse, et sa jeunesse affectée de crises nerveuses que Sepulveda appelle *comitialis morbus*, épilepsie (1). Dans son jeune âge, on le considérait

---

(1) L'ambassadeur français La Roche-Beaucourt, dans

comme un prince hébété et endormi (1). Mais il se dégagea cependant de ces misères et sa virilité se noua en une robustesse (2) que la goutte, l'asthme, des affections cutanées minèrent ensuite.

Dans sa pleine vigueur, Charles-Quint passa pour l'un des cavaliers les plus valeureux de son temps. Il s'adonnait avec bravoure aux sports de l'époque : bague, barre, lance, corrida. Son activité fut prodigieuse. Nul homme n'a porté un fardeau de responsabilités plus lourd que le sien. Jusqu'à sa mort, sauf quelques intermittences que nous interpréterons, il resta le pivot de son vaste empire, la volonté une, centrale, imprimant le mouvement régulateur dans toutes les affaires majeures de ses Etats. Tant que ses moyens physiques le lui permirent, il fit la guerre en

une dépêche de 1519, décrit ainsi l'un des accidents nerveux de Charles : « Le roi Charles, qui écoutait la messe, tomba par terre, estant de genoulx et demoura, cuydant qu'il fust mort, l'espace de plus de deux heures, sans pousser, et avait le visage tout tourné... » Cité par Mignet, *Charles-Quint, son abdication*, etc.

(1) Relation Jean Micheli, 1557.

(2) Sur Charles-Quint à trente ans : « ... Di corpo, se non gagliardissimo, e pero sano e benissimo disposto... » Relation Gaspard Contarini.

soldat, mêlé à tout l'arroi de l'armée, assumant lui-même le commandement, et restant présent au plus fort de la bataille.

Révérence gardée, l'animal en lui était fougueux et insatiable de jouissances. Sa goinfrerie est légendaire. Intempérant à table, il n'était pas moins immodéré dans les plaisirs de l'amour. Frédéric Badoaro, l'un de ces subtils observateurs (1) que la république de Venise accréditait dans les principales capitales de l'Europe, note à ce sujet, dans sa relation de 1557, que l'empereur *é stato nei piaceri venerei di non temperata volunta*. Il n'a pas été modéré dans les plaisirs de l'amour, et ces plaisirs, ajoute l'ambassadeur, il les prenait partout où il se trouvait, avec les dames de grande ou de petite condition.

Voilà un portrait, semble-t-il, qui contraste

---

(1) Les relations citées dans tout le cours de ce livre sont contenues dans le recueil Alberi, intitulé : *Relationi degli ambasciatori veneti al senato*, Firenze, t. III, V, VI, XV. On peut consulter à ce sujet : Gachard, *les Monuments de la diplomatie vénitienne*, dans le tome LXXVII des mémoires de l'Académie de Belgique. — Du même : *Relations des ambassadeurs vénitiens sur Charles-Quint et Philippe II*, Bruxelles, 1855. — Armand Baschet, *la Diplomatie vénitienne*. — *Les Princes de l'Europe au XVIe siècle*, Paris, 1862.

absolument avec celui d'un ascète. Si l'on se
remémore le puissant rôle historique de l'empereur, cet homme apparaîtra, en outre, comme
une sorte de Titan ayant forte prise sur le
monde, et qui frappait d'un marteau formidable
la dure enclume de la réalité. Un tel forgeron
d'actes, si bien caparaçonné de volonté, ne
paraît guère fait pour s'abandonner aux étranges
morbidesses des voluptés spirituelles.

Ses exploits, son action conquérante, sa permanente vigile dans le champ des intérêts du
monde ne l'empêchait cependant pas de percevoir son âme et d'en habiter les oasis intérieures.

En compagnie, il était d'humeur cordiale et
familière. Il savait faire bon visage à la joie et
se laissait gagner par elle. Pourtant, il était,
dit Gaspar Contarini, un autre ambassadeur
vénitien, d'un naturel mélancolique : *di com-
plessione in radice melanconica.* Comme chez
tous les subjectifs, sa réceptivité sensitive
était intense. Les élévations de la musique religieuse lui donnaient des frissonnements. Il se
faisait suivre partout de sa *capella,* l'une des
plus fameuses d'Europe. Pauvre chrétien, mauvais catholique par certains côtés de sa politique temporelle, Charles-Quint était devenu

un véritable Espagnol en dévotion. Religiosité triste, ponctuelle, bigote. Il fréquen-
tait les offices avec un grand zèle pieux.
Tous les jours il entendait une messe, souvent
deux, quelquefois trois (1) sur la fin de sa vie.
C'était un de ces grands passionnés spirituels à
qui les lisières rituelles qui disciplinent la foi
des humbles fidèles ne suffisaient pas. Il aimait
son âme (2) et recherchait pour elle les jouissances mystérieuses de la mortification. Souvent, durant les offices, il paraissait s'oublier
dans un songe extatique. Ses oraisons étaient
éperdues et il subissait l'attirance des grands
délires de la foi. On l'a vu s'étendre par terre,
les bras en croix, et la face tournée contre les
dalles de l'Eglise. A Ingolstadt, étant en contact avec l'armée protestante, un de ses officiers l'aperçut, à minuit, agenouillé devant un
christ. « Il avait l'habitude, relate Frédéric

(1) Et in tutta la vita sua ha udita la messa ogni giorno,
et grand tempo due, et hora tre, una per l'anima dell'-
imperatrice, et la terza per la regina sua madre... » Relation Frédéric Badoaro, 1557.

(2) Paroles dites par Charles-Quint à l'ambassadeur de
Venise, au moment du congrès de Bologne : « Se io non
fosse cristiano, et non *amassi l'anima mia*, farei delle
cose che non piacerebbero à la signoria di Venezia... »
Relation Gaspard Contarini, 1530.

Badoaro, qui cite le fait précédent, de tenir constamment un petit crucifix dans la main. » Les prosternations, les pénitences et l'ascétisme de Yuste étonnent moins lorsqu'on sait tout cela. Cette phase de l'existence de Charles-Quint apparaît comme l'épanouissement ultime d'une partie de sa personnalité, autrefois sujette et dépendante des autres dispositions de sa nature multiple. En lui, l'être métaphysique avec ses fièvres religieuses, se développe tout d'abord sous l'hégémonie de la personne extérieure, des sens, de la volonté objective, mais en s'augmentant et se concentrant, au lieu de s'engourdir et de s'altérer. Puis, tandis que les facultés agissantes et relatives faiblissent par usure et dégradation de l'énergie, l'être spirituel, celui que Xavier de Maistre appelle *l'autre*, prenait à son tour la suprématie et s'inféodait enfin toute la volonté, et c'est lui qui réalise l'abdication et qui agenouilla définitivement l'illustre pécheur.

On reconnaît que cette décision émane du plus profond de l'âme à ce signe qu'elle est voulue avec obstination et passion. Pareil au pauvre Job, l'empereur s'écrie une fois dépouillé de ses grandeurs : « O mère commune des vivants, je suis sorti nu de ton sein et nu j'y retourne. »

Après avoir franchi le col de *Porto-Novo*, qui donne accès à la *vera de Plasencia*, il se retourne, et, face au chemin parcouru, comme à son passé sans doute, il dit gravement : « Je ne franchirai plus désormais d'autre passage que celui de la mort. » Les lettres des fidèles Quijada et Martin de Gatzelu ne laissent aucun doute sur les intentions de leur maître. Ils nous le montrent détaché des affaires profanes et bien résolu à ne jamais se laisser reprendre par elles : « L'empereur se porte bien, écrit Gatzelu au secrétaire d'Etat Vasquez. Son appétit et son sommeil sont excellents. Il est l'homme le plus content du monde (*esta el mas content hombre del mundo* (1) ...,| moins que jamais il n'a envie de sortir du monastère. » Il eût donc fallu quelque grande nécessité, quelque devoir suprême à remplir, pour décider Charles-Quint à rompre son vœu de solitude, même momentanément. Yuste était bien l'hôtellerie que son âme avait longtemps désirée, et où elle pouvait enfin se désaltérer et s'assouvir de mysticité.

Le renoncement de Charles-Quint, cousi-

---

(1) Ces lettres se trouvent dans Gachard : *Retraite et mort de Charles-Quint au monastère de Yuste.*

déré par rapport aux peuples qu'il gouvernait,
fut très probablement un événement heureux.
On pleura son départ ; n'aurait-on pas versé
des larmes de sang s'il était resté ? Jusqu'alors,
il avait exercé l'autorité suprême avec une
puissante maîtrise. Son action gouvernementale, essentiellement objective et adéquate à
des fins réalistes, procédait d'une connaissance
approfondie des hommes et des choses. Il était
ambitieux sans doute, mais soumis à sa raison et non à son âme ; à ses jugements et non
à ses passions psychiques. Or, le jugement
circonscrit, limite, reconnaît le possible, tandis que l'âme a des désirs infinis que les obstacles excitent au lieu de modérer. Avant
toute résolution, Charles-Quint balançait le
pour et le contre, scrutait le problème en son
étendue et sa profondeur. Une fois prises, ses
résolutions étaient inébranlables. En tout, il
était expédient et décisif : « M. l'Ambassadeur,
dit-il à Contarini, plénipotentiaire de Venise au
Congrès de Vérone, si Sa Seigneurie est dési-
reuse de faire la paix, faites deux choses : pre-
mièrement, ce que vous devez faire, faites-le
vite ; secondement, ne cherchez pas à procurer
à Sa Seigneurie de tels avantages qu'en tout
vous soyez en désaccord avec nous. Remplis-

sez votre devoir envers votre patrie, mais don-
nez-nous lieu de croire qu'après elle vous avez
toujours aimé l'empereur. » Ces paroles sont
un exemple de l'esprit lucide, catégorique et
décisif de Charles-Quint. Comme chef d'Etat, il
avait su trier en lui les facultés nécessaires pour
l'accomplissement de sa mission. Le dévot et
le moine ne prirent que rarement le dessus sur
l'homme d'action. Lorsque son âme enveloppait toute sa raison, il s'enfermait momentanément dans un couvent. C'est ainsi qu'il
séjourna dans les monastères de Santa-Engra-
cia, de la Sysla, de la Mejorada. Dans ces
moments, il aurait été capable de commettre
des actes insensés s'il ne s'était point désarmé
lui-même. Ce ne sont là pourtant que des
exceptions faisant mieux ressortir sa sagacité
ordinaire et son habileté à mouvoir les hommes
en homme.

Mais, sur la fin de sa vie, la déchéance
physique, l'affaiblissement des facultés de relation, eussent laissé prédominer l'âme avec ses
fièvres solitaires. C'était le fanatisme et un fanatisme décuplé en ses conséquences par la puissance impériale. Ce monarque sévère sans
doute, mais raisonnable et clément aussi ; ce
politique habile eût peut-être gouverné par la

violence et la tyrannie. Il était, d'ailleurs, arrivé au bord des fautes aveugles et des aberrations sanguinaires.

Certaines de ses mesures antérieures peuvent paraître excessives, trop rigoureuses même. Les terribles placards édictés contre les hérétiques des Pays-Bas, ou l'ordonnance de 1526, relative aux Maures, ont un caractère nettement draconien. Observons toutefois que c'est Philippe II, et non Charles-Quint, qui fit produire à ces lois toutes leurs conséquences désastreuses. L'empereur en avait suspendu ou modéré l'application par esprit de prudence et de sagesse. Il était trop bon politique pour sacrifier ses sujets et leurs intérêts collectifs aux principes absolus de sa conscience. S'il mena une rude guerre contre les luthériens, ce fut en belligérant plutôt qu'en fanatique persécuteur. La Réforme se manifestait par des subversions politiques et sociales dont l'empereur ne pouvait se désintéresser par le fait même de sa situation.

Or, à Yuste, comme le ton change. Les impulsions du reclus y deviennent sinistres. Il veut qu'on extermine les hérétiques d'Espagne sans pitié. Philippe II et sa sœur Juana, alors régente, reçoivent de pressantes exhortations à ce sujet. Son testament contient ce codicille à l'adresse de son fils : « Je lui ordonne, en ma qualité de père et pour l'obéissance qu'il me doit, de travailler soigneusement à ce que les hérétiques soient poursuivis et châtiés avec tout l'éclat et la sévérité que mérite leur crime, sans permettre d'excepter un seul coupable et sans égard pour les prières, le rang, la qualité des personnes... » Il se rend ainsi, par ces excitations implacables, solidairement responsable des autodafés qui vont ouvrir le règne de son fils par une grande aube rouge. « Il n'y a qu'une chose, disait-il au prieur de Yuste, qui pourrait me faire sortir du monastère : ce sont les affaires des hérétiques, si elles exigeaient ma présence hors d'ici (1)... » C'est une idée fixe, et sous l'empire de cette idée, l'ermite impérial désavoue son honneur ancien. Il regrette d'avoir respecté le sauf-conduit délivré jadis à Luther pour lui permettre d'assister à la diète d'Augsbourg. On aurait dû se saisir de lui comme on fit pour Jean Huss au moment du concile de Constance. En ne se parjurant pas, en ne suivant pas l'exemple mémorable de l'empereur Sigismond, Charles-

---

(1) Sandoval, *Hist.* de *Carlos V*, t. II, p. 9 et 10.

Quint pense avoir offensé Dieu. Son devoir, c'était de venger les injures que le docteur de Vittenberg faisait à la majesté divine, et non pas d'obéir à son serment (1).

C'est en songeant à l'éventualité d'un Charles-Quint résolument fanatique, que le verset de David, cité par l'un de ses panégyristes, prend un sens profond par rapport à la retraite de l'empereur : *Ecce elongavi fugiens et mansi in solitudine :* Je me suis éloigné en courant et j'ai demeuré dans la solitude.

Mais, il est vrai, Philippe II apparaissait, et ce ne fut certes pas un dédommagement pour l'humanité...

(1) Sandoval, *ibid.*, II, 9, 10.

II

PORTRAITS EXTERNES

A l'époque de l'acte de Bruxelles, le prince don Philippe, le futur héritier du monde et l'espoir du siècle : *orbis terrarum futures hæres, seculi spes*, comme il est appelé dans : *El felicissimo viaje*, de l'abondant Strella, avait 21 ans (1). C'était déjà le jeune homme concentré et grave que montre l'admirable portrait du Titien, actuellement conservé au musée de Naples. Sa taille était bien prise, mais plutôt petite, bien qu'il la redressât comme une haute stature. Jean Micheli (2) dit que Philippe est le portrait fidèle de l'empereur par l'allure du corps, les traits du visage et la carnation. Il avait comme lui le teint mat, des pru-

(1) Né en 1527, à Valladolid, mort à l'Escurial en 1598.
(2) Relation de 1557.

nelles glauques et pâles (1,) la lèvre supérieure
relevée, l'inférieure un peu épaisse et tombante,
le menton éperonné et des cheveux pareils
pour la couleur à ceux d'un genêt d'Espagne.
Mais la marque de famille la plus authentique,
c'était surtout la lourde mâchoire autrichienne,
très prononcée chez le père et le fils (2).

Philippe était également marqué au coin
paternel par ses maladies. Sa longévité ne fut
qu'une longue traînée de misères physiques.
La moelle, le noyau de l'être paraissaient
tarés dans cette race de hauts dégénérés.
Charles-Quint était épileptique ; l'un des fils
de Philippe, le malheureux don Carlos, fut un
pauvre être inachevé, fébrile et dément ; l'autre,
Philippe III, un homme débilité et eczémateux.
Lui-même souffrit de bonne heure des entrailles
et de l'estomac (3). A trente-six ans, il ressent
les premiers fourmillements de la goutte (4).

(1) « ... Con occhi glauchi che tendono al bianco... »
Relation Paolo Tiepolo, 1563 L'empereur, au contraire,
avait les prunelles vives et bleues.

(2) Relations Badoaro (1557) ; Suriano (1559) ;
Giovanni Soranzo (1565) ; Antonio Tiepolo (1567) ;
Francesco Morosini (1581) ; Relation du voyage en
Espagne de dom Jean Sarrazin (1582), dans Gachard,
ouvrage cité, p. LXVII et suivantes.

(3) Relation Badoaro.

(4) Aux Cortès de Monzon (1563).

Tous ceux qui ont pu l'observer de près indiquent que sa complexion est délicate et maladive. Dans sa relation de 1581, François Morosini énumère ainsi les infirmités du roi catholique : goutte, gravelle, douleurs intercostales, coliques, catarrhe (1). D'autres laissent supposer un mal plus grave et mystérieux, sans doute l'épilepsie paternelle (2). Toujours est-il que sur la fin de sa vie, des affections de la peau le rongent comme une lèpre et que ses veines ne charrient plus qu'un sang gâté. Comme Louis XV, il meurt dans les purulences, les plaies et la vermine (3). « Il eut, dit Péréfixe, vingt-deux jours durant un flux de sang par tous les conduits de son corps. Et un peu avant sa mort, il lui vint quatre aposthumes en la poitrine, d'où il sortait une continuelle fourmilière de ver-

(1) « E di complession molto delicata, et patisce diverse infermita, coma gotta, renelle, dolor di fianci, colica, catarri... » Relat. Fr. Morosini (1585). Relation Priuli (1596) ; Francesco Vendramino (1595).

(2) « Leur fondement est faible sur un roi qui chet ordinairement du haut mal. » *Journal* de *l'Estoile*, IV, 381.

(3) Ella lo embirtio al fin con una asquerosa phitiriarse con un exercito innumerabile de piojos. » *Breve compendio y elogio de la vida de el rey Phelipe segundo de España*, par Antonio Perez, cité par Mignet.

mine (1). » Ses genoux se fendaient pareils à
des coings trop mûrs. Il n'avait pas moins de
sept fistules à deux doigts de la main droite (2).
Au commencement de sa maladie, on le sou-
levait, pour les soins de propreté, à l'aide de
serviettes. Sur la fin, les chairs gangrenées lui
tombaient des os, si bien qu'on dut laisser
croupir et agoniser l'un des plus grands
monarques de la terre, dans son lit pesti-
lentiel (3).

Entre Charles-Quint et Philippe II, la res-
semblance physique est plus parfaite que la
conformité morale. Nous verrons bientôt que
le fils n'est, psychiquement, que la moitié du
père. Mais déjà la physionomie apparente
indique des différences. Il y avait dans celle

(1) « A cette ouverture (de quatre abcès), les Medecins
furent effrayez, pour ce qu'au lieu du pus qui avoit paru
aux autres abscès il sortit une très grande quantité de
poux, qui creurent en telle abondance, que tous les chi-
rurgiens ne pouvaient venir à bout de l'épuiser... » *Les
Histoires* du sieur d'Aubigné, t. III, l. V, chap. xviii,
f. 707.

(2) *Histoire de Henri le Grand*, Amsterdam, p. 263.

(3) « ... Camaras de pestilente humor en la misma
cama, sin mudarse la ropa de abaxo en todo il discurso
de su enfermetad... » *Testimonio* .. por el licenciado Cer-
vera de la Torre, cité par Forneron, *Histoire de Philippe II*,
IV, 290.

de Charles-Quint une expression de franchise, de gravité simple, de bienveillance ouverte qu'on ne saurait attribuer, en définitive, à celle de Philippe. Son histoire n'évoque-t-elle point une figure amère, secrète, sombre, sourdement implacable, celle que l'on croit voir dans les portraits d'Antonio Moro, du Titien, de Pantoja de la Cruz et de Sanchez Coëllo ?

Privément on pouvait se laisser prendre au sourire de l'empereur : il ne trompait point. Sous celui de Philippe, un couteau était caché, disait-on dans son entourage (1). S'il fallait redouter le mécontentement, ou, parfois, les desseins de l'empereur, il n'aurait pas été juste

---

(1) « Il re, per detto commune, è assai sospettoso ; e dicono i suoi proprj servitori : *De la risa al cuchillo del rey no ay dos dedos.* » Relat. Leonardo Donato (1573). « Di maniera che dicono in Spagna per proverbio, che dal riso del re al coltello non vi sia differenza alcuna, perchè se bene avra determinato di castigar uno, venendogli colui dinanzi, gli mostrera quella medesima cera che faceva prima. » Relation Francesco Morosini (1581). « *Su risa y cuchillo eran confines* », Cabrera. Felippe II..., VIII, XXII, 464. Antonio Perez cite également ce propos. *Retrato*, 216, 241. Le savant M. Ch. Bratli (*Philippe II*, p. 232-233) pense que les historiens ont agi légèrement en faisant signifier à la phrase de Cabrera que Philippe souriait à celui qu'il voulait perdre. Des contemporains de Philippe II, comme Donato et Morozini, ainsi que les faits du reste, donnent raison aux historiens.

de se défier de ses bonnes paroles. Comme
Napoléon, Charles-Quint fut aimé de ses
soldats ; comme le grand vaincu de Waterloo,
il eut des fidèles stoïques dans son Saint-
Hélène volontaire. Lors de son abdication, à
Bruxelles, des larmes furent versées. Les
peuples des Pays-Bas se sentirent un peu
orphelins lorsque cette main ferme et forte les
eut abandonnés (1). Le politique en lui rappelle l'image cauteleuse et effilée de Louis XI,
son parangon d'ailleurs. On peut, en effet, le
considérer souvent comme un diplomate
ourdisseur de ruses, selon l'art de l'époque, qui
consistait à jouer non seulement au plus fin,
mais encore au plus fourbe. Au demeurant,
comme je l'ai déjà dit, l'empereur avait l'air
de sa volonté énergique, de sa vigoureuse
raison et de sa fructueuse intelligence. Mélancolique, inquiet, indéchiffrable, toujours fermé
et dissimulé, Philippe apparaît plutôt comme
une sorte de Hamlet maléfique.

(1) « Charles-Quint est un nom si doux et si vénérable
à la Belgique qu'on ne peut ni plus efficacement, ni plus
délicieusement, ni plus majestueusement gagner son cœur
et son esprit. » L'Histoire de don Juan d'Autriche,
Amsterdam, 1590. Mêmes sentiments en Franche-Comté.
L. Febvre. Philippe II et la Franche-Comté, p. 124,
133 et suiv.

Il convient d'indiquer ici que la plupart des observateurs contemporains esquissent des portraits de Philippe bien différents de l'image sinistre qu'on se fait involontairement du roi de l'Inquisition. Jean Micheli, ambassadeur auprès de Philippe, alors époux de Marie Tudor la sanglante, loue sa facilité, sa patience, sa longanimité. Frédéric Badoaro constate que Philippe est plutôt enclin à la douceur qu'à la colère, qu'il est d'une grande bonté d'âme, et sait supporter le caractère de chacun. Le Flamand Caverel, qui accompagne à Lisbonne, en 1582, l'abbé de Saint-Waast, envoyé en mission auprès de Philippe II par le prince de Parme, montre dans la relation de son voyage qu'il s'est trouvé quelque peu béat devant son souverain : « J'admirais, dit-il, une clémence et modestie naturelles, cette doulceur qui reluit en sa face, son œil, son parler, son port esloigné de grandeur d'insolence, de cruauté... » Antonio Tiepolo déclare que le roi plaît à ceux qui l'entretiennent parce qu'il fait suivre d'ordinaire ses réponses d'un sourire aimable : *Ha graciosa presenza*, dit

(1) Gachard, *Relations* des *ambassadeurs vénitiens*, p. LXIX.

Francesco Morosini, et il ajoute : *Fa professione di bonta et di fede.* Thomas Contarini estime que le roi est d'un tempérament fort tranquille et enclin à la paix. Un autre, Francesco Vendramino, assure que la justice, le calme et la constance de Philippe ne se démentent dans aucune circonstance. Il ajoute même ce trait, bien fait pour surprendre : Il tient à sa parole et à la vérité : *E principe di parola et di verita.*

Nos ambassadeurs également jugent parfois Philippe d'une manière flatteuse. L'évêque de Limoges écrit à François II que Philippe désirait vivre avec son bon cousin, le roi très chrétien, « *ouvertement* et sans *dissimulation* » ; qu'il avait à cœur de montrer « qu'il est prince de vertu et de parolle ». Sept jours plus tard, le même écrit encore : « Mais il faut que je vous confesse qu'il est prince d'amitié et de parolle et qu'il se paye de raisons quand... on parle à lui franchement, comme je fais, dont je sais qu'il a plaisir et s'eslargit lui-même à user du semblable (1). »

Les laudateurs espagnols de Philippe, cela va sans dire, ont ornementé sa légende de

---

(1) Louis Paris, *Négociations*, lettre du 19-20 juillet 1559.

toutes les perfections dont son caractère
extérieur suggère l'idée. D'après eux, il est
grave, mesuré, sage, patient. Ses mœurs sont
bénignes et son égalité d'âme parfaite. Il sait
modérer ses désirs et se conduire avec une
rare et admirable prudence dans toutes les
affaires. Constance dans les résolutions,
desseins persévérants, un grand savoir, de
fortes aptitudes sont encore des qualités qu'on
lui départ sans mesure. Les vertus nécessaires à sa sanctification ne font pas défaut
non plus à cet homme exemplaire et à ce
monarque parfait. En même temps que sa
munificence, sa charité et sa bonté, on vante
sa touchante humilité chrétienne, son édifiante
dévotion, sa merveilleuse foi, son dévouement
désintéressé au siège apostolique (1).

Bien que le sentiment de la majesté royale
ou le respect de cette personne unique qu'était
un monarque de droit divin pour ses sujets
aient dicté, même à des étrangers, des louanges
gratuites ou exagérées, la plupart des traits
esquissés d'une manière superlative par les

---

(1) Porreño, « Dichos y hecho del señor Rey don
Felipe II », Cuenca, 1627. *Los Dichos y Echos del rey
Felippe II*, Brussellas, 1686.

contemporains de Philippe, correspondent évidemment à certaines particularités réelles. Cependant, si peu que l'on connaisse l'histoire générale de ce roi, on sent dans le portrait qui nous en est donné ainsi, du vide par place et des grossissements ailleurs. Pour que l'image reprenne sa proportion, il faut donc atténuer et appuyer, retrancher et ajouter, donner enfin à chaque détail sa valeur la plus exacte possible.

La douceur apparente de certains couvre des abîmes de méchanceté. D'autres, au contraire, qui ont l'aspect rude et violent, se montrent, en réalité, bénins et inoffensifs ainsi que des agneaux. En serait-il de même pour Philippe II ? Y aurait-il contraste entre son visage et son cœur, entre sa parole et sa pensée, entre ses vertus et ses actes ?

Sa faible aménité extérieure, nous pouvons déjà en faire la remarque, n'était, en quelque sorte, qu'une qualité d'emprunt, acquise à une certaine époque de sa vie et conservée ensuite à cause de sa commodité usuelle. Sourire avec mansuétude, prononcer des paroles vaguement condescendantes et qui n'engagent à rien, c'étaient d'heureux expédients dont il ne s'avisa pas tout de suite.

Lors de son premier voyage hors d'Espagne, Philippe laissa partout une impression de sévérité altière. Aussi les Italiens l'apprécièrent peu ; il fut désagréable aux Flamands et odieux aux Tudesques. Le cardinal de Trente, la reine de Hongrie, son père lui-même durent l'avertir qu'il ne convenait point à un prince qui devait régner sur tant de peuples divers, de se donner une réputation de morgue et d'inaccessible hauteur (1).

Dans les instructions que Charles-Quint fait rédiger par l'ambassadeur Simon Renard et que Philippe reçoit à la veille de son départ pour l'Angleterre, la bienveillance, la facilité de caractère, le libéralisme politique lui sont particulièrement recommandés (2)... « *Item*, il conviendra que Son Altesse, entrant en ce royaume, accaresse la noblesse et soit conversable avec elle ; qu'il se fasse voir souvent au peuple ; qu'il démostre ne se vouloir autrement

(1) « Nel primo passagio suo di Spagna, per Italia et Germania, in Fiandra, era stimato superbo... » Relation F. Badoro, « ...Lasso una impressione pertutto che fusso d'un animo severo et intrattabile, et per questo fu poco grato all'Italiani, ingratissimo ai Fiamenghi, et ai Tedeschi odioso.., » Relation Michel Suriano.

(2) Gachard, *Introduction aux lettres sur la retraite et la mort de Charles-Quint*, p. 32.

empescher l'administration du royaume, sinon le remettre au Conseil, et lui recommande justice et police. *Item* conviendra faire démostration requise envers le peuple, lui confermant espoir de bénignité, justice et liberté (1). »

Philippe II, qui était docile comme la plupart des timides et des irrésolus, se le tint pour dit. Il adopta pour le reste de sa vie des manières gracieuses et vagues, bien faites pour accompagner la pusillanimité qui l'empêcha toujours d'affronter lui-même un obstacle périlleux ou un ennemi.

Nous trouvons une preuve des efforts de Philippe pour se rendre plus sociable, dans ce fragment d'une lettre de l'ambassadeur Marillac au Connétable : « Le prince d'Espagne a festoyé les électeurs, et est allé aussi disner avec eux, suivant l'instruction du cardinal de Trente : se montrant si docile disciple en cest endroit, et mesmement à boire, d'autant que deux ou trois fois l'on a rapporté qu'il en avait plus prins qu'il n'en pouvait bonnement porter; sur quoi le dit cardinal, comme son précepteur, qu'il concevait par là si bonne

(1) Weiss, *Papiers d'Etat du Cardinal Granvelle*, IV, 257-268.

espérance, qu'en continuant de faire ainsi, il
gagnerait par le temps le cœur des Allemands. »
Quelques jours plus tard, le 30 octobre.
Granvelle, dans une lettre adressée d'Augsbourg
à la reine Marie, conseille à cette dernière de
« louher, de qui elle l'a entendu, sans dire ce
que l'on dit du contentement qu'il (Philippe)
donne aux princes allemands, conversant et
devisant avec eux comme il fait ; car, comme
l'on retombe facilement à l'inclination naturelle,
je me doubte qu'il si obliera, qui ne le réveil-
lera, et je sais de qui il le peut mieux prendre
que de vostre Majesté cheminant par ce chemin ». Granvelle, fin connaisseur d'hommes,
et qui avait le sujet sous les yeux, nous
indique ainsi que l'urbanité princière du futur
roi catholique et sa complaisante humeur
n'étaient pas naturelles en lui. Il atteste en
même temps sa bonne volonté, qui devait être
grande, puisqu'elle faisait surmonter à ce
prince latin, voluptueux mais ascète, les répu-
gnances que les mœurs vigoureuses, rudes et
grossières des Allemands lui inspiraient. Il
est si désireux de réagir contre ses tendances en
ces années d'apprentissage royal, qu'à Bruxelles,
il se mêle même à des bals masqués et court
les rues, la nuit, sous un travestissement. Les

diplomates vénitiens ne manquent pas d'observer ce changement. Jean Micheli note (1557) que Philippe cherche à imiter les maniè-res affables de son père (1), et Michel Suriano estime qu'il est devenu le plus gracieux des princes.

Les contemporains de Philippe que nous. avons pris à témoin jusqu'ici ne semblent avoir vu le roi que dans ses attitudes publiques, et comme il voulait être aperçu. Etaient-ils dupes des apparences ces diplomates vénitiens, si pénétrants et sagaces ? Nullement ; leurs indications varient avec les différents aspects de la personnalité dont ils font le tour. Déjà, en 1557, Jean Micheli estime que Philippe ne paraît pas promettre l'élévation et la géné-rosité d'âme, la vivacité d'esprit qui con-viennent à un prince puissant comme lui (2). Il indique que ses ennemis l'accusent de manquer de cœur et de puissance (3). Cette

---

(1) Jean Micheli ajoute : « Il a entièrement perdu cette hauteur et gravité castillanes qui l'avaient rendu si odieux lors de son premier voyage hors d'Espagne. »

(2) « ... Nel resto pare che non prometta quelle gran-dessa et generosita d'animo et vivesso di spirito che si conviene a un principe potente come é lui... »

(3) « ... Li suo nemici, dell'opinione che hanno di

remarque est profonde. Elle va au cœur de l'homme. Nous la vérifierons par diverses épreuves. Voulant indiquer que la parole du roi est peu sûre, Sorranzo (1565) cite ce proverbe castillan : *Palabras de buena crianza no obligan...* Les paroles dites par politesse n'obligent point. A ce sujet, l'ambassadeur Fourquevaulx rapporte que Philippe « estoit d'opinion que les grands princes qui dient ouvertement qu'ils fairont quelque chose concernant leur service, que c'est en intention de ne le faire point ». Nous verrons par la suite à quel point Philippe mettait cette maxime en application. Sigismond Cavalli (1570) indique que tout en étant patient et sans haine, il n'y a plus de rémission une fois que Philippe entre dans la voie du châtiment et de la vengeance. « Il est d'une nature plutôt sévère, pour ne pas dire cruelle, note Francesco Morisini (1581). Il professe une pure justice.. On ne sait pas qu'il ait jamais fait grâce à un condamné. » Et, après avoir dit que Sa Majesté affecte la bonté et la bonne foi, Morisini ajoute : « ... *Ma é enco molto vindicativo.* » Contarini (1593) voit le roi catholique

lui di vile et da poco, e che non sia atto, ni sapia risentiri delle offese. »

plein d'artifices. Il l'appelle le père des dissimulations (1). Selon lui, il maintient l'Espagne
dans l'obéissance par la sévérité justicière et
la religion, usant pour cela de rigueur et de
châtiments. Léonardo Donato (1573) fait également allusion à la duplicité de Philippe, et
Agostino Nani (1598), en quelques lignes,
raccorde les deux portraits, l'odieux et le sym-
pathique : « Le roi était religieux, juste, sobre
et pacifique. Mais la première qualité se con-
vertissait en raison d'Etat, la seconde en
sévérité cruelle, la tierce en avarice, la quarte
dans le désir d'être l'arbitre de la chrétienté (2). » Il ajoute encore, comme les autres, que
Philippe savait simuler et dissimuler, qu'il
était plein de passions, d'intérêts ; qu'il parlait
contre sa pensée véritable, traitant de paix en
tramant la guerre ; faisant feinte au visage pour
frapper aux pieds.

Si l'on soumettait ainsi les autres louanges

(1) « ... E principe pieno di artificio, et padre, si puo
dire, delle simulation... »

(2) Il gia re era religioso, giusto et pacifico. Ma la
prima qualità si convertiva in ragion di stato, la seconde
in severita crudela, la terza in avaricia, la quarte in
voler esser arbitro della cristianita... Parlava il re contro
l'interno intenzione ; tratrava di pace, e tremava la
guerra ; cennavo al capo e dava ai piedi... »

décernées au roi catholique à un examen com-
paratif minutieux, on ne saurait vraiment que
penser dans l'incertitude du pour et du contre.
Bien qu'il soit difficile de concilier la bonne
foi avec la duplicité, d'accoupler la générosité
à la haine, la justice au crime et la religion aux
actes impies, ces oppositions réduites à leur
importance réelle se composent cependant
ensemble pour former la physionomie externe
du roi catholique. La véritable identité d'un
individu réside dans son moi profond. Nos
attitudes et nos actions diverses ne caractérisent que notre personnalité accidentelle et
relative, dans les diverses positions morales
qu'elle est susceptible de prendre en face des
nécessités contradictoires de l'existence. Ce
sont les mobiles profonds de l'âme, les actes
intérieurs, les passions souterraines qui disent
le mieux ce que nous sommes essentiellement.
S'il y a là beauté et bonté, le moi est tout d'or
moral. Mais si l'on y trouve aridité, immo-
ralité et laideur, ce n'est pas le réseau des
actes habituels et obligés, même serré à en
faire un masque qui rit ou un masque qui
pleure, les deux même à la fois, qui empêchera
la conscience de rester frelatée et de commu-
niquer son vice aux actions émanées d'elle.

« Les rois ont dans l'âme, dit Marc-Antonio da Mula, mille antres et cavernes inaccessibles que seul le regard de Dieu peut pénétrer. » Comment saisir les éléments de cette identité psychique dans les antres et cavernes du plus dissimulé des rois ? Chez Philippe, peu de manifestations imprévues, de mouvements ou de paroles significatives (1). Nullement *comediante* extérieurement et tout à fait réfractaire « aux gentillesses et rodomontades espagnoles ». Les impulsions, les spontanéités qui permettent de saisir immédiatement le naturel d'un homme sont extrêmement rares dans la vie du roi catholique. Impénétrable, inexpressif, insaisissable sous son silence bénévole. Une cuirasse d'étoupe ou de plomb isolait son for intérieur du monde. Il était absolument enseveli en sa vie secrète. Il conservait un air de bénignité horrible devant l'homme qu'il venait de condamner à mort dans sa pensée. Nul ne pouvait se flatter de

(1) « Est quantu re cumque pius ipse, clemens et taciturnus sit, nec unquam animi irati vel minimum dederit significationem. » Hopperi, *Epistolæ*, p. 128. Hopperus était secrétaire d'Etat pour les Pays-Bas auprès de Philippe II. Ses lettres sont adressées au Président Viglius.

le connaître. Le duc de Féria déclarait « que
le roi seul connaissait l'humeur du roi Philippe (1) ». Les faits montreront que sa puissance de dissimulation était inouïe. C'est par
exemple avec la même gravité détachée qu'il
apprend la victoire de Lépante et le désastre
de l' *Invincible Armada*. Lorsqu'on lui annonce
le premier de ces événements, il ne prononce
que cette phrase laconique : « *Mucho ha aven-
turado don Juan*, don Juan s'est beaucoup
aventuré. » Informé du second, il répond avec
tranquillité : « *Contra los hombres la embié, no
contra los viento y la mar*, je l'avais envoyée
contre les hommes, et non contre la mer et les
vents. »

Il n'était donc pas facile aux contemporains
de pénétrer cette personnalité hermétique. Mais
beaucoup de choses qui restaient cachées pour
eux nous sont devenues visibles. En outre, les
arbres ne nous empêchent pas de voir la forêt.
Toute la vie de Philippe s'offre à notre étude.
Nous pouvons comparer ses facultés diverses,
ses idées, ses passions dans leur ensemble et
sous leurs rapports réciproques les plus cons-

---

(1) L'ambassadeur Marillac le dépeint ainsi : « De
complexion étrange et peu cogneu de ceux qui le fré-
queutent le plus. »

tants. Il nous est possible aussi de contrôler les divergences et les convergences de ses groupes d'actions avec les tendances profondes de son âme, et c'est ce que nous allons faire pour saisir l'identité véritable de notre personnage.

III

LE TEMPÉRAMENT DE PHILIPPE II.

Philippe n'avait hérité que d'une partie de la complexion double de son père, et de la plus dangereuse pour un conducteur d'hommes : la puissance subjective, qui nous isole du monde ou fait de lui comme une dépendance de l'âme. L'une des caractéristiques les. plus remarquables de l'individu tombé dans le gouffre psychique avec toutes ses facultés, c'est assurément l'horreur de l'action et de la vie extérieure. Le mouvement, l'essor hors de soi-même, trouble trop la concentration ardente de sa sensibilité pour qu'il s'y abandonne volontiers. S'il agit, c'est à reculons, en se retranchant de plus en plus dans son for intérieur ; et si ses actes reprennent l'offensive, c'est par des voies souterraines, à l'abri des brutalités du heurt et des prises de corps directes. Ils n'ont point le marteau sur l'enclume ; ils ne se trouvent jamais face à face.

Tel pourrait être le portrait psychologique de Philippe en raccourci. Ses actes éclatent toujours loin de lui, et seulement lorsqu'ils ont trouvé en leurs cheminements compliqués et cachés des moteurs auxiliaires pour les produire. Personnellement, il ourdit, dans le silence et le secret, avec les mille fils de ses passions royales et humaines, des trames invisibles et astucieuses. Il corrompt l'obstacle par la ruse, au lieu de l'attaquer de vive force ; il frappe ses adversaires, non à armes loyales, mais par derrière, en dessous, avec toutes les ressources de la perfidie. Enfin, sa vie est à lui, rien qu'à lui, et il ne tend la coupe fraternelle à personne.

Au contraire de Charles-Quint qui fut la plupart du temps le chef de ses armées, Philippe ne commanda jamais les siennes. Il ne s'aventura pas davantage dans le fracas des batailles. Pendant la première phase de celle de Saint-Quentin, il s'attarde à Cambrai, occupé à des travaux de chancellerie (1). Le lendemain, au moment de l'action décisive, il

---

(1) *Papiers d'Etat de Granvelle*, t. V, p. 105.

reste sous sa tente à dire des prières, entre deux
religieux de Saint-François (1). Il ne paraît à
l'armée que lorsque la victoire est assurée. Il
avait 30 ans, l'âge des témérités et de la bravoure ! Dans sa retraite de Yuste, le vieil empereur sentit frémir son âme guerrière lorsqu'il
connut cette abstention. Les regrets de Philippe
ne lui donnèrent point le change. On peut avoir
l'esprit de l'escalier, mais non une vaillance de
lendemain de bataille. Aussi Charles-Quint
resta-t-il fort mécontent (2).

Tandis que le duc d'Albe opère le rapt du
Portugal pour Philippe, celui-ci, se tenant à
l'arrière, se contente d'être l'intendant de ses
troupes. Il demeure d'abord à Badajoz, puis
avance avec circonspection jusqu'au couvent
de Thomar, où il fut quelque peu malade.
Lisbonne avait été prise en août 1580. Le roi
catholique n'y fit son entrée que le 29 juin 1581,
après y avoir été appelé plusieurs fois par son
général (3).

(1) Gregorio Leti.
(2) Luis Quijada à Juan Vasquez, 4 septembre 1557.
(3) « La venida de Vuestra Magestad en este reino es
muy conviniente á su servicio, y ninguna cosa puede ser
de mayor importancia para asentar las cosas y ponellas
en el orden que conviene. » Le duc d'Albe au roi, 13 novembre 1580. (*Documentos ineditos...*, t. XXXV, p. 132.)

Pendant la guerre de Grenade, Philippe se tient à Cordoue, loin des Maures révoltés. Il laisse don Juan escalader seul avec ses régiments les montagnes des Alpujarras et conquérir une gloire dont il sera jaloux ensuite.

Il est facile de tourner nos faiblesses, nos inaptitudes, nos vices mêmes en mérites et en vertus. Si Philippe est *imbelli*, comme disent les Italiens, c'est à cause de son humeur pacifique et non par faiblesse d'âme. Il répond lui-même au duc d'Albe qui le conjure de continuer la guerre contre Paul IV : « L'Empereur mon père n'avait d'autre ambition que de tenir sa gloire et sa fortune du sort des batailles, et moi, je prétends éterniser la mienne par la paix. » Il se prévaut quelquefois de ses sentiments pacifiques. Il lui arrive d'affirmer que son but est de tranquilliser la chrétienté et d'assurer le repos de l'Europe (1). Et il est bien probable que Philippe aurait évité toute guerre, si le monde s'était toujours docilement incliné devant ses volontés. Mais, à ce compte, tous les conquérants et ambitieux seraient pacifiques. Charles-Quint lui-même n'eût point

_____

(1) Voir par exemple dans Weiss : *Papiers d'Etat*, etc..., t. IV, p. 267 et 268.

tiré l'épée, si rien ne s'était opposé à son rêve
de monarchie universelle. Dénué d'aptitudes
guerrières, Philippe nourrissait ces désirs de
conquête et de domination qui fomentent iné-
vitablement les luttes sanglantes. Il est vrai de
dire qu'il croyait pouvoir suppléer à la guerre
par les négociations et l'intrigue — là est le
secret de sa politique — mais on ne soulève pas
le monde avec des fils d'araignée. Ses desseins
n'étaient donc réalisables que par la force. Son
règne ne fut, à vrai dire, qu'une longue et multiple guerre, qu'il dirigea de son cabinet.
Philippe était bien, en définitive, un conquérant, mais un conquérant assis, armé seulement de sa plume.

Nous savons également que Charles-Quint
avait brillé dans tous les sports de l'époque ;
son fils s'y montre empêché et malhabile. C'est
en vain que son gouverneur, don Juan de
Zuniga, voulut lui donner le goût de la chasse.
« S'il avait beaucoup de bêtes dans ses parcs,
dit un Vénitien, c'étaitpour les regarder et non
pour les tuer. » Gregorio Leti dit que Philippe attaquait, l'épieu à la main, le plus
horrible sanglier, mais ce trait, comme bien
d'autres, appartient à la gloire d'emprunt du
monarque, à moins que l'historien romanesque

ait simplement inventé ce détail pour embellir son récit. Dans les tournois donnés en son honneur, lors de son premier voyage aux Pays-Bas et en Allemagne, Philippe eut bien l'insigne faveur d'être proclamé, à Bruxelles, la *lança de las damas*, à tout seigneur, tout honneur ; mais, un peu plus tard, lorsqu'il affronte les Tudesques, aussi rudes et incivils que les Flamands s'étaient montrés courtois, on le laissa se mesurer selon sa propre valeur, et il ne parvint même pas à rompre une seule lance. A la joute d'Augsbourg, dit l'ambassadeur français Marillac, le prince d'Espagne fit pirement que tous (1).

L'inaptitude de Philippe à l'action extérieure se manifeste aussi par son horreur du mouvement et des vicissitudes. C'est l'homme d'un seul horizon. Il aime l'immobilité ou le piétinement dans le cercle étroit de ses goûts silencieux et de ses habitudes casanières. Au moment où il abdique, Charles-Quint, pour montrer que le repos qu'il se propose de prendre est bien gagné, énumère combien de fois il a franchi les monts et traversé la mer. Il rappelle ses pérégrinations en Espagne, en France, en

---

(1) Raumer, *Seizième et dix-septième siècles*, 1.24.

Italie, en Allemagne, en Afrique. En dehors
des deux voyages que son père lui imposa,
Philippe, durant tout son règne, ne sortit plus
de la péninsule, quelles que fussent les nécessités. Le cardinal de Granvelle lui écrit, le
6 août 1562 : « Si Votre Majesté veut donner la
loi au monde, assurer le repos de ses états et
faire un grand bien à la religion, il est plus
que nécessaire qu'il vienne ici (1) l'été prochain,
pendant que la généralité de ses sujets a encore
beaucoup de bonne volonté pour elle et avant
que son autorité ne se perde davantage. » La
duchesse de Parme, régente des Pays-Bas, et
sœur naturelle de Philippe, ne cesse de lui
écrire que sa présence est nécessaire. Philippe
ébauche l'accomplissement de ce devoir impérieux. Il annonce son départ à différentes
reprises, fait faire de grands préparatifs même,
tout en étant bien décidé à ne point quitter la
terre ferme d'Espagne (2).

(1) Aux Pays-Bas.
(2) Au sujet de ce fameux voyage qui n'eut jamais lieu,
voir dans *Papiers d'Etat de Granvelle* : lettres du cardinal
Granvelle au roi du 6 août 1562 ; de la duchesse de Parme
du 31 août 1562. Réponses du roi des 18 et 22 septembre.
Dans Gachard : lettres espagnoles des 22 septembre et
31 décembre 1566 et 26 mars 1567. Lettres françaises des
31 juillet, 27 novembre, 30 décembre 1566 et 26 mars
1567. Lettre au grand commandeur de Castille du

Le malheureux don Carlos, qui avait l'humeur mobile et aventureuse de Charles-Quint, pour railler les habitudes monotones de son père, s'était fait relier, au dire de Brantôme, un cahier de feuillets blancs, sur lesquels l'infant avait inscrit ces titres : *Los grandes viajes del rey don Felipe. El viaje de Madrid al Pardo, del Pardo al Escurial,* et ainsi de suite, d'une résidence royale à l'autre, et en recommençant le cycle habituel.

Enfermé dans ses mœurs individuelles comme l'escargot en sa coquille, Philippe n'avait ni la souplesse ni la variété d'esprit qui permettent de s'adapter successivement aux conditions variées de la vie et du monde. Les efforts contre sa nature qu'il dut faire pour devenir un roi parlementaire avec les Anglais, bon vivant et libéral parmi les Flamands, buveur de bière et goinfreur avec les Allemands, avaient épuisé toutes ses vertus expansives Ces efforts lui furent trop pénibles pour qu'il voulût les renouveler. Ici encore il

12 août 1566. Dans Correspondance de *Marguerite d'Autriche,* p. 96-105 ; 205-209 ; dans *Supplément à Strada,* II, 456. etc. D'après l'aveu du roi lui-même, ce projet de voyage n'était qu'une feinte destinée à couvrir l'envoi des troupes espagnoles du duc d'Albe aux Pays-Bas.

est le contraste frappant de son père, qui sut
paraître tour à tour flamand, espagnol, allemand et italien, parlant la langue de chacun de
ces peuples et se pliant à leurs usages avec une
merveilleuse plasticité. Philippe, lui, était
absolument prisonnier de son moi, dont le
nationalisme espagnol formait le contour
extrême (1) Lorsqu'il était en Flandre, on ne
l'entendait vanter que l'Espagne et les Espagnols. « Rien n'est bien dict, bien faict, bien
pensé, qui ne soit en Espaignol », écrit l'évêque
de Limoges à François II (2).

Un nationalisme étroit et exclusif retranche
déjà quelque peu l'homme de l'humanité. Il
circonscrit, localise dans un îlot. l'épanouissement de notre personnalité. Mais cet îlot était
encore trop ample pour l'âme de Philippe. En

(1) « Il re Filippo è in tutto différente del padre. perche
ama et stima sola la nation spagnuola... » Ant. Tiepolo.
« ... No stima nazioni alcuna coma la spagnuola... » Morosini. « En tanto moltitudine di stati et di dominj che il
re possede, prende S. M. il suo principal titolo e onore,
con giustissima ragione, dai regni di Spagna... » Leonardo
Donato.

(2) Louis Paris... *Négociations...* Lettre du 4 août
1559. — « Philippus ipse Hispaniæ magnopere astuebat,
nec aliud quam Hispaniam loquebatur. » *Sepulvedæ operæ,*
II, 401.

Espagne, il était surtout Castillan, et en Castille, le solitaire de l'Escurial.

Nous touchons ici à l'une des caractéristiques essentielles de notre personnage : la tendance invincible à l'isolement. Cette prédominance de sa nature est attestée par ses mœurs constantes, comme nous le verrons par la suite. D'ailleurs, les témoignages contemporains sont unanimes à cet égard.

Lorenzo Priuli constate que Philippe est entièrement livré à la solitude. « Le roi ne se voit jamais, relate un autre Vénitien ; s'il sort du Palais, il est enfermé dans un carrosse recouvert de toile cirée ; il passe le soir par la porte du Prado pour n'être vu de personne. » Selon Thomaso Contarini il est très amoureux de solitude et ne se complaît que dans les lieux déserts (1). Autant que possible, comme le méchant de l'Ecriture, il vivait seul (2), même au milieu de sa famille. Il n'admettait que rarement sa femme et ses enfants

---

(1) « E molto amatore (amadore) della solitudine ; gli piacciono i luoghi deserti... » Mêmes indications dans les relations Suriano, Tiepolo, Sorranzo, Cavalli, Badoaro, Priuli.

(2) « Non é molto domestico con alcuno. » Antonio Tiepolo.

à sa table (1). Lorsqu'il devait faire voyage avec
les siens et la cour, il partait et revenait seul,
précédant ou suivant les autres. Il n'assistait
pour ainsi dire jamais aux séances de ses différents conseils d'Etat. Son cabinet de travail
était une véritable cellule où il se tenait
retranché et comme enseveli dans les secrets
de sa politique personnelle et absolue. Ses
rapports avec les personnes étaient restreints
et distants. Nul n'entrait dans sa familiarité,
pas même Ruy Gomez, son ami d'enfance et
son fidèle serviteur. Il lui était pénible même
de parler à son prochain. Il conversait avec
douceur et bienveillance, mais à voix très
basse, avec des silences apathiques et une
grande économie de paroles qu'il prononçait
du bout des lèvres et comme avec résignation.
Pour éviter de s'entretenir avec ses secrétaires
qu'il avait sous la main, il donnait ses ordres
par billets. Ses conversations, d'ailleurs, étaient
nulles. Elles ne l'engageaient jamais. Il ne
promettait rien, ne décidait de rien sur-le-
champ.

Ses réponses évasives et toujours imprécises

(1) « ... Perchè rarissima mangia colla moglie, col figlio
et colla sorella, che altri no é fatto degno della sua men-
sa. » Paolo Tiepolo (1563) dans Albéri, V, 61.

n'offraient aucune prise. On le sentait devant soi glissant et fluant comme l'eau, lorsqu'on veut la prendre à poignée.

Tous ces traits se détailleront par la suite. Ils nous aident pour le moment à reconnaître le tempérament de Philippe dans sa caractéristique la plus générale. La peur de s'extérioriser par l'action, l'amour de l'isolement et le penchant à une existence secrète et comme occulte, sont quelques-unes des tendances prédominantes qui caractérisent le subjectif, c'est-à-dire l'homme dont la vie intérieure affaiblit ou annule les facultés de relation. Reste à voir si l'étude de l'âme nous ramènera encore vers ce type humain, ou si elle nous en éloignera.

IV

L'AME.

Noter les indifférences d'une âme, ce n'est pas la connaître, mais à peine la circonscrire. Pour pénétrer en elle, il faut découvrir ses passions et les interroger. La passion, ce n'est qu'un désir, un sentiment ou une affection dans lesquels toute notre ardeur subjective se concentre. Elle donne donc la température de l'âme, mesure sa force et caractérise ses penchants.

Nos passions ont pour objet, soit ce qui donne jouissance à nos appétits individuels, physiques ou psychiques, comme l'amour par exemple, soit les aspirations de la personnalité sociale, comme la considération, la gloire, la richesse, la supériorité hiérarchique. Pour connaître avec plus de précision le personnage secret dont nous faisons l'étude, éliminons provisoirement le roi de l'homme.

Philippe est unanimement dépeint flegmatique, lent d'esprit, froid de cœur. Nous le savons, on louait son égalité d'humeur, sa constance hautaine, sa paisible tranquillité. Doit-on conclure, en présence de ce tempérament en apparence indolent et impassible, que l'âme de Philippe était neutre, froide ou endormie ? La logique ordinaire suggérerait aisément une telle déduction. Ce serait confondre ainsi sentiment et passion, action et contemplation, mouvement extérieur et agitation intime.

L'ascète immobile, absent du monde et qui a suicidé son cœur, n'est-il pas en dedans consumé d'ardeurs mystérieuses ? Le caractère essentiel des passions psychiques, c'est précisément de ralentir, de diminuer nos contacts externes et de rendre infiniment faibles et rares nos élans vers autrui. Théodore Ribot a justement attribué à la passion, dans la vie affective, le rôle que l'idée fixe joue dans la vie intellectuelle. Ce caractère concentré et despotique la différencie du sentiment. Le sentiment, c'est le signe de nos inclinations morales, sympathiques ou antipathiques. Il nous éloigne

par la répulsion de ce qui nous est contraire,
déplaisant ou nuisible, ou bien il tend à nous
rattacher aux hommes et aux choses par des
liens de bonté, d'affection, ou, en tout cas, de
tolérance nécessaire. Les passions, au contraire,
transformations psychiques du sentiment, lorsqu'elles sont en pleine activité surtout, n'ad-
mettent guère la coexistence des autres désirs
du cœur. Personne n'est plus froid au regard
de certaines choses très affectives de leur nature qu'un passionné. Le passionné de justice
peut être parfaitement inique, malgré le contraste moral, sans contradiction psychologique.
Pour cela, il suffit que la conscience soit tout à
fait la complice de la passion, comme mes lecteurs et moi l'avons vu en étudiant Robespierre.

Le caractère calme et inexpressif de certaines
manifestations de Philippe ne nous permet
donc pas d'inférer que ses passions étaient
nulles ou faibles. Ce lac tranquille peut fort bien
éprouver des tempêtes de fond et couvrir des
volcans intérieurs.

Dans une *Relazione di Spagna* (1), attribuée à

---

(1) Publiée par Charles Bratli : *Philippe II...*, p. 203 :
«... Quando ha qualche nuoue spiaceuoli, e trauagliose,

Camille Guidi de Volterra, secrétaire de Vincenzio Alamanni, ambassadeur du grand-duc de Toscane, on lit la phrase suivante : « Lorsqu'il reçoit des nouvelles affligeantes, il se trouve mal soudain et est atteint de diarrhée comme cela s'observe chez les chèvres, les lapins et autres animaux craintifs. » Ses fièvres provenaient souvent de contrariétés sourdes, mal étouffées par son flegme. Aux Cortés de Monzon, la vive opposition de ceux à qui il voulait « ronguer les ongles », le fit tomber malade. Ceci dénote déjà une impressionnabilité excessive, soigneusement couverte par un calme extérieur voulu.

La tristesse est le signe d'une grande combustibilité intérieure. L'indifférent reste serein. La gaîté appartient à ceux qui prennent légèrement et rapidement l'arome des choses et qui s'oublient en fréquentant les autres. Voyez ces gens en causerie aimable et banale, au coin d'une rue, au café, dans un salon, comme ils sourient et rient : la vie ne leur pèse pas plus qu'une bergeronnette à un roseau ; elle s'enfuit par bonds légers d'une fri-

subito si li stempera il corpo, e li uengono le camere come alli capri, à conigli et ad altri timidi animali veggiamo auuenire. »

volité à l'autre. Mais suivez-les lorsqu'ils se sé-
parent et qu'ils s'en vont seuls. La physionomie se ferme, le front devient dur et les
lèvres, contraintes. Il suffit qu'ils regardent en
dedans pour que tout se rembrunisse. Il y a
en nous un grand fond de tristesse, un lac de
profonde et universelle mélancolie qu'on ne
peut regarder impunément. C'est pourquoi
ceux qui redoutent la tristesse se fuient eux-
mêmes en se jetant dans le monde à âme per-
due. La mélancolie persistante appartient surtout aux solitaires et aux passionnés ; aux
solitaires, parce qu'ils ont une tendance invétérée à absorber leur propre substance ; aux
passionnés, à cause de leurs désirs infinis,
éternellement déçus et désespérés. Et le plus
grand des passionnés, celui qui couve la con-
cupiscence suprême, c'est certainement le
mystique adorateur de son âme, l'amant de soi-
même, ce qu'était Philippe, comme la plupart
des mystiques. Aussi est-il tout au long le
prince vêtu de noir et qui ne rit jamais (1). Sa
gravité était hypocondriaque, morue, sombre.
Il vivait dans ses appartements comme dans un

_____

(1) « ... Podemos afirmar que nuestro gran Phelipo, en
quien jamas se vido risa, ni cosa que fuesse compostu-
ra... etc. » *Dichos y Echos de don Philippe II*, p. 28.

tombeau. Nous verrons plus loin que le rôle de la belle humeur dans son harmonie psychologique n'était certes point dominant. En isolant certaines manifestations, on peut nous donner un Philippe gai, bon vivant, et d'humeur facile, de même qu'il serait possible de prouver que le tigre n'est point féroce en le considérant au repos, lorsqu'il est bien assouvi. Mais le tigre, en tant qu'animal cruel, est surtout lui-même lorsqu'il bondit vers sa proie.

L'austérité morose de Philippe était naturellement ennemie des plaisirs et des fêtes. Aussi ne s'amusait-on guère dans son entourage. Aucun passe-temps à la cour ; une ambiance froide comme glace (1). Sans être atteint sans doute de lypémanie morbide, Philippe en arriva sur la fin de sa vie à des manies vraiment macabres. Il n'est pas sûr que Charles-Quint ait fait célébrer ses obsèques de son vivant, comme certains historiens l'ont prétendu ; mais on ne saurait douter que Philippe consola sa terrible agonie en contemplant son propre cercueil qu'il avait fait placer dans sa chambre, avec sa vêture mortuaire et une tête de mort,

_____

(1) « ... In questa Corte non é alcuno passatempo, et é fredde come il ghiaccio... » Carlo Recordato à Battista Pico, 4 mars 1576, *Carte Farnesiane*, fasc. 4. Espagne.

ceinte de la couronne royale (1). Ce sombre ca-
price n'est-il pas comme la manifestation suprême d'une âme habituellement funèbre ?

Le pessimisme est une autre forme de la tristesse, forme inévitable chez un solitaire en
proie au désir de la sainteté. Philippe voulait être pur de conscience. Et il l'était,
en retrait de ses actes, dans la pure région
subjective où, selon Ruysbroëk l'Admirable,
notre âme se confond avec la divinité et
flue en son essence, si bien qu'elle n'a plus aucune marque individuelle et qu'on ne saurait
la distinguer particulièrement. Lorsque l'on
sort de cette candeur spirituelle pour regarder
le monde, qui est vile matière, l'humanité, qui
est chargée de vice et de péchés, il semble que
cette goutte de lumière divine que l'on porte en
soi va se perdre dans l'immense marais du
mal universel. Ce pessimisme métaphysique et
religieux se traduit chez Philippe par un profond détachement de tout au moment de mourir. « Voyez, mon fils, dit-il à son héritier,

---

(1) *Bulletin* de *l'Académie* royale de *Belgique*, t. XV,
p. 398. Gachard, *Particuliarités* sur *les* derniers *moments*
de *Philippe II.*

voyez où conduisent les grandeurs de ce monde ! » Et ce roi, si autoritaire, si fortement passionné pour ses intérêts, à certains égards,
vécut au fond de l'Escurial dans la sagesse
désenchantée de l'Ecclésiaste. Mais ce serait
mal connaître Philippe, si l'on attribuait seulement son pessimisme à des causes spirituelles.
Il trompait les hommes ; ses moyens étaient
affranchis de scrupules, tout était légitime ve-
nant de lui, mais il ne pouvait supporter la
fourberie, la duplicité des autres. Ce grand
trompeur avait la tromperie en haine. « Vous
auriez manqué à Dieu et aux hommes, écrit-il
à Antonio Perez, si vous ne l'aviez fait ainsi,
afin de m'éclairer aussi complètement qu'il le
faut contre les *tromperies humaines et sur les
choses de ce monde dont je suis véritablement
épouvanté*. » Or, ici, ce n'est plus l'être métaphysique, le contemplatif chagrin qui s'exprime, mais le roi inquiet de ses affaires, de sa
politique et qui croit voir à toute action humaine des mobiles mercenaires et des fins
cachées.

La défiance de Philippe est en quelque sorte
absolue. Il soupçonne tout le monde et excelle
à pousser les gens à se trahir les uns les autres
à son profit. Comme tous les solitaires régnants

et despotiques empêchés par leur hautaine misanthropie de voir le monde directement, Philippe cherche à se renseigner par tous les moyens. Son cabinet est un centre où aboutissent les mille fils d'un espionnage savant et compliqué. Nous savons bien que de tout temps les hommes d'Etat ont usé de semblables moyens, mais nul n'en a fait comme Philippe une chose aussi essentielle et personnelle. Ses ambassadeurs espionnaient au moyen de leurs agents secrets ; des contre-espions espionnaient l'ambassadeur et ses agents, et ces contre-espions étaient espionnés eux-mêmes par certains individus. Tel était le système, par exemple, qui était organisé en France au service de Philippe II. Il accueillait aussi la délation sous toutes ses formes et la provoquait au besoin. On était toujours sûr de lui plaire en lui proposant quelque trahison profitable. Ses fous le renseignaient sur les choses cachées de la cour; les inquisiteurs sur celles du pays. Philippe mettait autant de science et de ténacité à découvrir les secrets des autres, qu'il en dépensait pour cacher les siens. Ses contemporains n'ont jamais su la vérité de lui, si ce n'est, comme nous, par ses actes et ses mœurs.

Impressionnabilité, mélancolie, pessimisme,

indiquent que cette âme a de l'atmosphère, de la température, de la combustion, une couleur psychologique prononcée. Elle n'est donc ni léthargique ni congelée, comme le visage de son homme. Ses passions vont nous montrer maintenant quelle était sa vie active.

Nous faisons ici pour le moment le portrait psychique de Philippe. Les passions de son âme doivent donc être considérées, non dans leurs aventures en la vie, mais comme inclinations persistantes, ayant déterminé de longues fièvres intérieures.

Philippe eut peut-être la passion de l'amour. Il y a, dans son existence, une forte *odor di femina* (1). Outre ses quatre femmes, on lui attribue nombre de maîtresses. La belle Isabelle Osorio paraît avoir été son épouse secrète au temps de son mariage avec la jeune Marie de Portugal. Il aurait également tenu ménage ordinaire avec dona Eufrazia de Guzman, laquelle « estant enceinte de son faict, il contraignit le prince d'Ascoli l'espouser, et au bout de quelque temps, le pauvre prince mourut de desplaisir (2) ». On parle aussi d'une Catherine

(1) « Ma molte ama le donne... » Gio. Sorranzo.
(2) Guillaume d'Orange, *Apologie*. Sorranzo, dans *Albéri*, V, 114.

Lenez, qu'il maria comme l'autre, lorsqu'il en eut assez. Enfin, nous dirons plus loin que son amour pour la princesse d'Eboli paraît probable. Aucune preuve décisive n'a été fournie sur ces faits. Mais il n'y a pas de fumée sans feu, et peut-on, à tout le moins sans doute, retenir ce renseignement donné par les Vénitiens : « Philippe était très emporté pour les femmes. » Cela se concilie très bien avec son tempérament voluptueux. Quoi qu'il en soit, la passion de l'amour, s'il l'a vraiment éprouvée, comme c'est probable, ne parait pas avoir influé sur ses actes, sauf en ce qui concerne la princesse d'Eboli peut-être. Dans ce cas, il tint cette passion reléguée dans le domaine de la vie privée. Certains présentent Philippe comme un débauché hypocrite. Une telle inconduite ne se concilie nullement avec les mœurs préoccupées, laborieuses et décentes du roi catholique. S'il aima les femmes, ce dut être en amant solitaire et non en libertin.

C'est surtout l'exaltation religieuse qui domina la vie tout entière de Philippe. « Sa piété ne pouvait être ni plus sainte, ni plus dévote, ni plus zélée, ni plus fervente. Toute sa vie montre qu'elle est plutôt celle d'un prêtre et d'un moine, que d'un laïque et d'un roi, car il

assiste fréquemment à l'office divin et se tient
à la chapelle comme un moine... » Telle est
l'impression de Camillo Guidi de Volterra (1).
Frère Antonio (2) raconte qu'il vit plusieurs fois
les yeux de Philippe se remplir de larmes lorsqu'il priait. C'est avec une satisfaction profonde
qu'il partageait quelquefois la vie des moines
hiéronymites, et avec la plus fervente humilité.
Tous ceux qui parlent de sa piété la décrivent
passionnée, extatique, éperdument amoureuse
des délires de la grâce. Ses lectures préférées
étaient celles d'ouvrages pieux. Il tenait constamment la *Légende des saints* sur sa table, et
un diurnal dans sa poche.

Cette religiosité ardente tournait la dévotion
de Philippe à la bigoterie. Il était d'église et de
sacristie plus qu'il ne convenait à un roi sans
doute. Sa manie des reliques, son goût pour
les choses cléricales, sa déférence privée envers
les prêtres et les moines semblent quelquefois
entachés d'ostentation, tellement ils sont exa-
gérés. En Portugal, il employait ses loisirs à
visiter les églises et à suivre les processions.
Il avait fait disposer son alcôve à l'Escu-

---

(1) Relation déjà citée.
(2) *Memorias* de *Fray Juan Geronimo*, VII, 22.

rial de façon à voir de son lit le maître-
autel de l'église. Lorsqu'il rencontrait le Saint-
Sacrement sur sa route, il mettait pied à terre
et accompagnait les desservants, le chapeau à
la main. En 1596, alors qu'il était à demi
paralysé par la goutte, ayant aperçu des
prêtres qui portaient le viatique à un malade, il fit descendre son fils de voiture,
et lui ordonna de suivre le cortège à sa
place.

Homme d'église, fidèle, croyant, fervent,
Philippe était encore un passionné de religion,
un mystique spontané. Ses mœurs les mieux
soutenues montrent qu'il puisait ses plus grandes
joies dans les félicités spirituelles. Ses prosternations, ses extases irradiées pendant les offices
montrent que les pratiques religieuses étaient
moins un but pour lui, qu'une cause de ravis-
sement. Ses actes habituels, toujours imprégnés
de l'idée de religion, coïncidant avec sa cénes-
thésie générale, essentiellement mystique, l'in-
tensité de ses états affectifs ne pouvait qu'être
prodigieuse. Sans déserter ses devoirs de roi,
il arrangea son existence de façon à favoriser
ses grandes voluptés contemplatives. Cet
homme, si glacé dans la vie ordinaire, paraît
avoir été, d'autre part, comme une sorte de

lyrique muet, un écouteur de voix intérieures, un jouisseur de son âme.

Philippe n'était cependant pas qu'un ascète, comme la plupart des hommes adonnés à la contemplation et pour qui toute chose concrète a un double immatériel et sensible perçu par l'esprit. Ce solitaire royal éprouvait aussi les émotions esthétiques. L'art, le grand art du moins, celui qui crée des beautés par l'âme, a une origine subjective que ne sauraient effacer les moyens concrets par lesquels il s'exprime. La Beauté, c'est une ligne matérielle, un son physique, une couleur naturelle, une parole humaine doués d'une sorte d'harmonie spirituelle. C'est un miracle de l'Esprit, un sourire dérobé à Dieu. Pour le mystique, comme pour l'artiste, les pierres mêmes sont chantantes et la bête la plus brute évolue dans la lumière divine. Leur réceptivité extraordinaire détermine en eux un besoin toujours inassouvi de représentations sublimes et de fécondations passionnées, très différentes parfois pour l'un et pour l'autre, mais pareilles souvent aussi. La mysticité de l'artiste, c'est la poésie elle-même, et l'art du mystique n'est pas autre chose, sinon que la poésie, pour lui, a une tonalité religieuse plus prononcée. On trouve ici le point de rencontre de ces deux grandes familles subjectives.

Comme Charles-Quint, Philippe II aimait les caresses et les enchantements de la musique sacrée. Il goûtait tellement les belles et magistrales compositions de son organiste Antonio Cabezon, qu'il le fit venir de Madrid à Lisbonne, pendant la conquête du Portugal. A cette époque, il se plaint dans les lettres écrites aux infantes ses filles, que les chapelles de là-bas n'aient pas l'excellence de celles d'Espagne. Ces mêmes missives nous apprennent que le sombre fanatique était sensible au chant du rossignol comme un poète idyllique. « Madeleine a grande envie de fraises, écrit-il d'Almada, le 26 juin 1581, et moi d'entendre chanter les rossignols, bien que de l'une de mes fenêtres j'en entende parfois quelques-uns. » Et de Lisbonne, le 15 avril 1582 : « Ce que je regrette le plus, c'est le chant des rossignols, que je n'ai pas encore entendu cette année. » Il s'essayait même à la poésie, paraît-il, et on lui attribue une suite de « quintillas », inspirés des méditations chrétiennes.

Ses connaissances en architecture paraissent avoir été très étendues. Il aimait de pratiquer cet art lui-même et fit de louables efforts pour le faire florir en Espagne, si pauvre à cette époque en monuments dus au génie national (1). La seconde renaissance de l'architecture espaguole, dite « gréco-romaine » coïncide avec son règne et répond aussi à son tempérament. Les excès d'ornementation de l'époque précédente, que l'on peut observer par exemple aux façades des universités de Salamanque et d'Alcala, du couvent de San-Marcos de Léon ou de l'alcazar de Tolède, disparaissent sous son règne ascétique comme des frivolités. L'envergure nue de la masse, sa solidité sévère excluent les détails. L'Escurial, l'Arc triomphal de Burgos et le château des Guzmanes, en Léon, appartiennent à cette facture linéaire. Philippe avait également beaucoup de prédilection pour la peinture. Il était amateur de tableaux et savait juger de leur beauté. Il eut le mérite d'encourager les vrais artistes. C'est lui qui favorisa l'essor des écoles de Valence et de Conceitana, lesquelles fusionnèrent ensuite dans l'atelier de Ribalta, maître de l'angoissant José Ribera. C'est sous Philippe II aussi, et grâce à ses sollicitudes, que se groupa la magnifique école de

(1) D'après Francesco Morosini, « il ne se voyait en Espagne aucun édifice ni autre chose curieuse que ceux laissés par les Romains et les Maures ».

Séville, d'où sortirent les grands maîtres espagnols du régime suivant, les Velasquez, les
Zurbaran, les Murillo.

Philippe affectionnait les grands artistes
presque autant que les saints. Plusieurs peintres,
comme Antonio Moro, Sanchez Coello, Pantoja
de la Cruz, furent promus par lui à la dignité
de *Pintor y ayuda de Camara* (1). Pacheco, leur
contemporain, raconte en son *Arte de la Pintura*
que le roi donna à Sanchez Coëllo un logement
dans une maison communiquant avec le palais
par un passage secret. Philippe venait visiter
souvent son peintre favori, le priant de ne pas
se déranger lorsqu'il prenait son repas avec sa
famille ou lui posant doucement la main sur
l'épaule lorsqu'il était en train de travailler.
Antonio Moro, le maître de Sanchez Coëllo,
avait été honoré de la même familiarité ; mais
cela faillit tourner mal pour lui. Un jour que
Philippe était entré silencieusement dans son
atelier, et, selon son habitude, l'avait touché à
l'épaule, Antonio Moro, obéissant à un mouvement réflexe sans doute, répliqua par un coup
d'appui-main. Cette privauté faillit lui coûter
la vie. Il dut regagner rapidement les Pays-

---

(1) Peintre et valet de chambre.

Bas, où il était né. « Comme quoi, conclut
Karl von Mander, qui narre l'anecdote, il est
dangereux de toucher le lion. »

Frédéric Badoaro (1) et Pacheco (2) rela-
tent que Philippe peignait lui-même.

En tout cas, il indiquait souvent à ses
peintres le sujet de leurs travaux, et quelquefois
d'une manière détaillée. D'après Guiseppe
Martinez, c'est Philippe lui-même qui régla la
composition de l'*Allégorie de la bataille de
Lépante*, que le Titien exécuta à Venise, à l'âge
de 94 ans, d'après l'esquisse faite sous les yeux
du roi par Sanchez Coëllo.

Ce goût esthétique ne doit pas faire supposer
en Philippe II l'existence d'un parallélisme
psychique. On ne saurait distinguer à côté de
sa religiosité la manifestation d'une sorte de
naturalisme païen, incitant à l'adoration de la
Beauté dans la divinité vivante de la nature.
Le caractère de l'art espagnol au xvie siècle
était surtout religieux. La plupart des artistes,
comme Juan de Joannès et Luis de Vargas,
cherchaient leur inspiration dans la médita-
tion et la prière. Les sujets traités par eux sont

(1) Relation de 1557.
(2) *Arte de la Pintura*, I, IX.

presque exclusivement ceux qui conviennent
aux tableaux d'église. Le pittoresque espagnol,
ses chaudes couleurs locales, manquent d'in-
terprètes. Au XVIe siècle, la peinture, en Espagne,
n'a pas eu de Cervantes. En dehors de ses portraits, Philippe commande surtout des tableaux
pour l'Escurial ou les cathédrales du royaume.
Lui qui s'agenouillait quelquefois longuement
et en joignant les mains devant une toile du
Titien représentant Jésus sur le chemin du
Golgotha, ne pouvait désirer que des compositions agréables à sa piété. Nous verrons bientôt
qu'il constitua à l'Escurial l'un des plus beaux
musées de peinture religieuse.

Philippe s'est extériorisé complètement au
moins une fois et a laissé de lui un témoignage
authentique et monumental. L'Escurial, c'est
sa demeure dans le monde. Son âme est moulée
dans cette austère bâtisse comme un corps dans
son armure. Elle est l'œuvre propre de Philippe
et une œuvre accommodée à son esprit, à son
caractère, à son cœur. C'est lui qui en fournit le
thème esthétique et le plan général. L'archi-
tecte Juan de Bautista et son successeur
Herrera ne furent, en quelque sorte, que les
exécuteurs techniques des conceptions de
Philippe.

Le paysage qu'il choisit pour l'érection de l'Escurial est sévère et solitaire comme son âme. Des montagnes nues et grises ferment l'horizon. Quelques filets d'eaux vives au penchant des prairies, le halètement continuel du vent des sierras y apportent seuls quelques souffles de vie. Un pauvre village, quelques habitations éparses et lointaines, telle est la Thébaïde qui devint la terre d'élection de l'ermite royal.

Le monument répond extérieurement au caractère sourcilleux du paysage. C'est une masse de murailles grises, percées avec symétrie, comme une caserne, surmontée, à chaque angle, par quatre campaniles, et, à l'intérieur, par les triples dômes surélevés de l'église. L'ensemble donne l'impression d'un immense couvent. Ceux qui en approchent reçoivent une impression de tristesse et de lugubre monotonie. Cependant, l'intérieur se manifeste avec plus de richesse et de magnificence. Philippe y avait réuni des trésors. Nombreux furent les peintres qui travaillèrent à embellir la sainte demeure. Pelegrino, Tibaldi et Bartolomeo Carducci décorèrent la bibliothèque de leurs fresques italiennes. Fernandez Navarette, dit *el Mudo*, reçut la commande, pour la sacristie du couvent, de l'*Assomption*, du *Martyre de saint Jacques le Majeur*, de *Saint Philippe* et *Saint Jérome pénitents*. Le Navarette peignit encore pour l'Escurial une *Nativité*, le *Christ à la colonne*, la *Sainte Famille* et *Saint Jean écrivant l'Apocalypse dans l'île de Pathmos*. C'est au pinceau infatigable de Sanchez Coëllo que sont dus les portraits des grands personnages du règne, ainsi que plusieurs compositions religieuses, comme *Saint Paul et saint Antoine ermites*, *Saint Étienne et saint Laurent*, le *Martyre des saints enfants Juste et Pastor*, qui comportait une jolie vue de Alcala de Hénarès, la patrie du grand Michel Cervantes. Enfin quelques peintres italiens, comme les Carducei et le Florentin Patrixe Caxes sont également employés à la décoration de l'Escurial.

Philippe réunissait aussi avec un soin infatigable les plus riches trésors artistiques qu'il glanait dans ses Etats. Arias Montano, aux Pays-Bas, raflait pour lui les livres riches et rares. On enlevait au besoin les objets dont le maître avait envie, comme le *Spasimo di Sicilio*. Riches tapisseries, statues, objets d'art affluaient à l'Escurial. Philippe était surtout amateur de reliques : tibias, crânes, os de saints, morceaux de la vraie croix. On lui faisait grand plaisir en lui offrant quelqu'un de ces objets vénérables. Enfin, Fray Andrés de Léon et Fray Martin de Palencia, établissaient de riches manuscrits liturgiques pour le couvent.

Par son affectation, l'Escurial est surtout représentatif de l'âme de Philippe II. C'est à la fois un palais, un monastère, un musée religieux, une église et une sépulture. Tous les compartiments d'une âme mélancolique, dévote et funèbre y sont représentés. Dans le vaste édifice, *el aposento del rey*, l'appartement du roi, est fort modeste : quelques pièces où il dormait, mangeait et travaillait. Mais autour de lui sommeillaient ses richesses sacrées ; la cloche du monastère sonnait aux heures rituelles ; les frères hiéronymites passaient silencieusement sous les galeries du cloître ; l'église était proche, avec son demi-jour, son odeur d'encens, son silence paisible, et le moine royal était heureux de toutes ces choses autant que Louis XIV dans les splendeurs classiques de Versailles.

Philippe est bien ainsi un fils de l'Espagne ardente, aride et sensuellement mystique du XVIe siècle, où était née la secte délirante des Illuminés (*los alumbrados*). Il est le frère spiri-

tuel des Luis de Grenade, des François le
Pécheur, de sainte Thérèse, de Ponce de Léon,
de Jean de la Croix, et de tous les saints
mystiques que l'ombre du couvent cachait au
monde. Mais entre eux et Philippe, il y a une
grande différence. Ils sont reclus et prosternés
avec une façade nulle du côté du monde ; lui,
tout solitaire et ascète qu'il soit, est doublé
d'une personnalité profane immense ; il est roi,
et cela apporte un singulier mélange dans sa
sainteté. Il y a peu de Saint-Louis par le
monde !

V

LE ROI.

La culture des rois fut souvent singulière. Il en est peu qui aient été frottés d'une gousse d'ail en naissant et jetés de bonne heure aux rudesses de la vie comme notre grand Béarnais. On éduquait plutôt en eux le monarque que l'homme. Autant qu'il se pouvait, on les isolait en leur personnalité unique. Ces futurs conducteurs de peuples, en qui devait se résumer la vie collective d'une nation, étaient jalousement tenus à l'écart de la vie commune. Ils recevaient une éducation de prince, religieuse, militaire et mondaine, puis, lorsqu'ils commençaient de prendre contact avec les affaires de la monarchie, c'était par en haut, du côté des intérêts du gouvernement et de la couronne, plus que de celui des gouvernés et de la nation. Aucune racine forte et profonde ne les attachait ainsi au pays sur lequel ils

devaient régner. Ceux qui furent de grands
rois eurent besoin d'être doués d'une réelle
puissance de réaction contre leur état spécial
pour arriver à la compréhension de la vie
collective de leur peuple.

Telle fut, à peu de chose près, l'éducation de
Philippe. Ses premières années s'écoulèrent
dans la grisaille du vieux palais de Valladolid.
Sa mère, l'impératrice Isabelle, gardait toujours et partout l'attitude de haute dignité qui
convient à l'épouse du plus puissant empereur
de la terre. Avant de donner le jour à Philippe,
elle croyait sentir une mappemonde tourner en
elle. Avec cela, rigidement dévote, comme une
mère abbesse. Florez, en ses *Memorias de las
reinas catholicas,* montre l'épouse de Charles-
Quint, recluse dans sa cour castillane
comme en un béguinage. Autour d'elle, des
femmes révérencieuses, ferventes, tristes. On
brodait dans le demi-jour des salles muettes
et froides. Les pratiques religieuses y étaient
fréquentes et réglées, comme dans un couvent,
et toujours un cérémonial, grave, solennel,
hautain. Dans ce milieu monacal, l'enfance de
Philippe fut peu livrée à la joie et à l'aban-
don. De bonne heure, la gravité lui figea le
visage. Sa mère ne tolérait même pas qu'il

oubliât dans ses jeux sa grandeur actuelle et future (1).

Jusqu'à seize ans, Philippe eut pour maîtres le grand de Castille, don Juan de Zuniga, personnage représentatif et solennel, et le savant théologien Juan Martinez Siliceo. Le premier était chargé de former le gentilhomme et le monarque futur ; le second avait pour mission de lui inculquer la science profane et la science sacrée. Ni l'un ni l'autre ne se soucièrent de tourner l'enfant du côté des riantes images de la vie, pas plus que d'assouplir et de varier son tempérament monotone, ou d'éclaircir son âme concentrée. Avec tout ce que devait savoir un chevalier de son temps, Philippe apprit le latin, les mathématiques, un peu de français, d'italien, et assez de théologie pour faire un évêque. A partir de cet âge, il fut placé à la tête du gouvernement de l'Espagne, sans autre transition.

Philippe fut un roi essentiellement professionnel, si l'on peut dire. Il ne confia jamais le gouvernail à personne. Il resta toujours

(1) « Per la volunta de la madre fu allevato con quel ripestto che parea convenirsi ad un figliulo del maggior imperatore che fosse mai fra christiani. » *Relation Michel Suriano*.

son premier ministre ; et sa tâche écrasante, il
l'accomplit, tant qu'il le put, dans les moindres
détails. On ne saurait lui refuser sans injustice
le mérite d'une extrême conscience dans
l'accomplissement de son devoir royal. Il eût
pu s'en acquitter avec des vues moins étroites
et sans doute avec plus d'efficacité, mais ses
erreurs et ses insuffisances n'enlèvent rien
à la réalité de son zèle laborieux et de
cette constante application qui firent de lui le
premier esclave de sa souveraineté.

Ce fut aussi un roi absolument bureaucratique. C'est de son cabinet de travail et par
l'écriture qu'il dirigeait l'administration ainsi
que la politique complexe et difficile de ses
États. Il était à vrai dire le chef de bureau de
la monarchie, en même temps que son maître
absolu. Il lisait toutes les dépêches, les anno-
tait, les modifiait et faisait même soumettre
les pièces les plus insignifiantes à sa signa-
ture. Il écrivait de 8 à 9 heures par jour,
prolixe, minutieux, détaillé en tout. Il reste
encore dans les archives des quintaux de pape-
rasses minutées de sa main. Il disait que si le
sort l'avait fait naître simple particulier, il
aurait pu faire fortune grâce à l'activité de sa
plume. On peut lui reprocher d'avoir ac-

cordé autant d'attention aux petites affaires qu'aux grandes. La moindre question
traitée par lui, donnait lieu de sa part à
des instructions, attentives, complètes et
vétilleuses. Il résultait de cette minutie
débordée, un retardement excessif des affaires
majeures, une sorte de stagnation gouvernementale qui eut, dans bien des cas, les résultats
les plus funestes. Avec son extrême labeur,
Philippe arrivait presque aux mêmes résultats
que s'il eût été négligent. Au surplus, il était
lent d'esprit, irrésolu, ami des atermoiements.
« Le temps et moi en valons deux » avait-il
coutume de dire. Mais cela, en Espagne, ne
choquait pas outre mesure. La *tardita*
espagnole fut toujours fameuse. Don Pedro de
Tolède souhaitait que la mort vînt d'Espagne,
car ainsi il serait assuré de vivre longtemps (1).
Ce qui se ferait autre part en un mois, ne
s'accomplit pas, en Espagne, en quatre (2). En-

(1) « Un signore principalissimo mi disse che la
tardita spagnuola in sommo un giorno rovineria il mondo,
et don Pedro di Toledo soleva dire che avria desirato
che la morte fosse venuta di Spagna, perché saria stato
sicuro di vivere longamente... » *Relation Girolamo
Lippomano.*

(2) ... « Nelle opere manuali (sono) tanto pigri e
tardi, che quello che in ogni altri luogo si faria in un

core aujourd'hui, l'Espagnol aime de laisser traîner les affaires pour le plaisir des palabres. L'expectative dilatoire qui résultait, chez Philippe, du tempérament et de ses calculs donnait lieu aux plaintes les plus vives. Dans la correspondance des Pays-Bas, nombreuses sont les lettres qui supplient Philippe d'envoyer enfin des ordres. Le 7 juillet 1556, la duchesse de Parme écrit « que les retards pourraient avoir à brève échéance des conséquences très graves ». Granvelle se plaint aussi de n'être pas mieux informé des affaires que ceux qui sont aux Indes (1). Une autre fois, il déclare que les délais que le roi met à répondre pourraient coûter cher un jour (2). Mais Philippe se laissait difficilement stimuler. Il faut reconnaître, d'ailleurs, que son rôle, tel qu'il le comprenait, se trouvait au-dessus des forces humaines. Sa lenteur patiente était donc pour lui comme une grâce d'état.

Ce roi claustré et paperassier voulait tout savoir, tout connaître. Et grâce à son vaste système d'information, il voyait de sa cellule

mese, non lo farauo in Spagna in quattro... » *Relation Francisco Morosini*, 1581.

(1) Lettre du 15 février 1562.

(2) Lettre du 12 mars 1562.

tout ce qui se passait en Europe, le plus souvent par le dessous, du côté où l'on aperçoit la
trame de l'intrigue et les ressorts secrets des
intérêts. La vue des masses et des ensembles,
celle qui atteste la réalité puissante et qui distingue les mouvements profonds des peuples,
lui faisait défaut. La grande péripétie humaine
qui occupa toute la scène du xvi° siècle, il la
voyait de la coulisse et non au parterre de
l'humanité. Aussi, sa politique, que nous
étudierons plus tard, n'a ni le sens du présent
ni celui de l'avenir. C'est une politique d'expédients, de ruse, d'astuce mise au service des
principes du passé, et de principes qui trouvaient d'ailleurs en lui-même leur contradiction,
car si Philippe voulait faire l'unité des peuples
par la religion, il subordonnait lui-même la
religion au pouvoir royal. Il soumettait ainsi
le spirituel au temporel, ou inversement, alors
que, par leur nature même, ces deux catégories doivent être indépendantes l'une de
l'autre.

Pour saisir la raison de l'action gouvernementale de Philippe, comme de sa politique, il faut savoir quel était son point
d'appui moral. Il faut connaître exactement la
conception qu'il avait de lui-même en tant

qu'individu et en tant que roi. Il se croyait très
réellement le représentant de Dieu sur la terre,
son substitut légitime : il s'appelle lui-même :
ministre de Dieu. Au point de vue purement
humain, il s'estimait *propriétaire* de ses Etats et
le maitre absolu de ses sujets. Enfin, sa conscience subjective était son inspiratrice et sa
conseillère. Puissance divine, droits historiques
souverains, domination psychique, tel était le
faisceau de sa personnalité intégrale. La toute-
puissance qu'il recevait du ciel et du passé
devenait comme une passion de son âme.
Aussi, toute sa politique avait-elle une fin en
lui-même, c'est-à-dire se trouvait essentiellement relative à son moi. Chez lui le sens de
l'objectivité était généralement indirect et
subordonné à ses passions morales, religieuses ou profanes. Ses moyens, que nous
voulons seuls étudier pour le moment, ré-
pondent parfaitement à ces fins personnelles.

Les grands politiques, qui saisissent d'un
coup d'œil sûr les intérêts majeurs de leur
temps, se subordonnent eux-mêmes et subordonnent leurs auxiliaires à la solution essentielle qu'ils ont décidé de poursuivre. Ce
n'est pas assez qu'ils se sachent habiles, il faut
qu'ils soient forts. Il ne suffit pas qu'ils

rompent la résistance de quelques individus réfractaires, il faut encore qu'ils déterminent un courant d'évolution assez puissant pour entraîner, bon gré mal gré, amis et ennemis dans une direction commune. Richelieu et Bismarck ont eu à vaincre des résistances particulières ; ils l'ont fait, mais ils ont fait plus, ils ont créé des directions nouvelles, et en quelque sorte fatales vers un avenir déterminé. L'effort de Philippe ne tend ni vers un but social ou national placé dans l'avenir ; il est surtout conservateur de ce qui est et poursuit une fin supersociale : l'unité religieuse.

Mais, encore en ceci, Philippe est lui-même le centre de l'intérêt qu'il défend, et ce sont toujours les mêmes moyens de négociations compliquées et machiavéliques qui lui servent. Homme secret et solitaire, sa politique est occulte, très rarement à découvert. Il mine, contre-mine, et ne prend l'offensive directe que lorsque ses machinations l'ont acculé à cette nécessité. La guerre de Grenade, les événements des Pays-Bas, les hostilités avec la France donnent un exemple de ces acculs. D'autre part, l'affaire Antonio Perez est la résultante directe des manigances cauteleuses de Philippe contre

son frère don Juan. Il est obligé d'entrer dans
une affaire d'éclat lorsqu'il voulait seulement
creuser une mine secrète.

Son gouvernement procédait donc de la ruse
plutôt que de la puissance des conceptions.
Toute action, fût-elle un crime, du moment
qu'elle avait obtenu son assentiment, devenait
légitime. Il se plaçait, dit l'un de ses historiens,
hors de la morale humaine et s'épargnait tout
remords. Son âme sanctifiant les actes aecom-
plis pour elle, il n'hésitait jamais sur les moyens,
car tous lui paraissaient également bons, et
les meilleurs étaient ceux qui réalisaient ses
desseins. Il avait acquis ainsi un penchant
invétéré aux contournements, à la feinte, à la
fraude, à la tromperie. Souvent une affaire
pouvait être résolue franchement et directement.
Philippe préférait la voie tortueuse qui l'en-
gageait maintes fois en des complications
inextricables.

Ce roi, absolument despotique, timide de
caractère et très irrésolu d'esprit, s'entourait
de conseils de toutes sortes. Au point de vue de
l'Etat, on en comptait onze : ceux de la guerre,
des finances, de la justice, le conseil royal, le
conseil d'Aragon, le conseil des Indes, le
conseil des ordres, celui de la Sainte-Inqui-

sitiou ; les conseils d'Italie, de la guerre, des finances. Au point de vue privé, Philippe avait un conseil de conscience, auquel il demandait des directions dans les cas graves. Il va sans dire que le rôle de ces conseils était purement consultatif. Mais il avait un recours constant à leurs délibérations. Ceci semble contredire ce que nous avons affirmé sur la politique personnelle de Philippe, mais ce n'est qu'en apparence.

Un homme qui s'est formé un conseil de conscience semble désireux de ne pas agir d'après lui-même. L'usage que Philippe a fait du sien, nous le verrons particulièrement dans les affaires don Carlos, Montigny et Prince d'Orange. Il consistait, en somme, à faire approuver et endosser ses décisions terribles par lui en les légitimant théologiquement. Pourquoi agissait-il ainsi ? Sans doute pour se déterminer, mais aussi pour opérer une substitution de responsabilité, non au regard des hommes, mais devant la justice divine. Avec une inconscience obstinée et enfantine, Philippe croyait pouvoir ruser avec Dieu comme avec ses adversaires. Au cours de sa dernière maladie, s'adressant à son confesseur Fray Diego de Yepes, Philippe prononça ces

paroles : « Mon père, vous êtes ici le manda-
taire de Dieu, et je proteste que je ferai tout
ce que vous m'indiquerez comme nécessaire
pour mon salut. Par conséquent, vous êtes
responsable de mon salut sur votre âme. Mora
va prendre acte que je suis prêt à tout exécuter
pour expier mes péchés (1). » Le dilemme est
cruel pour Fray Diego. Si les péchés sont
inexpiables ou s'il omet quelque soin pour les
laver, c'est lui qui les endossera aux termes
d'un acte dûment établi et dont Dieu admettra
certainement la validité. Comme on le voit,
Philippe prend des précautions pour son salut ;
il présentera des papiers notariés à Dieu. Ceci
n'est pas seulement imputable au moribond.
Lorsque, en 1566, sous la pression des événements et sur les instances de la duchesse de
Parme, il accorde un pardon général aux per-
turbateurs des Pays-Bas, il signe cet acte avec
un profond désir de vengeance au cœur. Et
cette horrible restriction mentale, chose étrange,
il la fait consigner dans un document officiel,
établi par un notaire et devant témoins.
Philippe consigne dans cette pièce qu'il n'a
pas agi librement en amnistiant les coupables

(1) Forneron, IV, 291.

et qu'il se réserve, nonobstant son édit, le droit de les châtier lorsque le moment sera venu. Il établit ainsi un acte conservatoire de ses droits à la vengeance. Sa conscience peut être tranquille. Une clause secrète annule sa parole officielle de roi. Le parjure ne saurait donc être valablement inscrit au livre de ses péchés (1).

A la période du déclin de Philippe (en 1592), il se passa un fait inverse qui montre bien quelle peur Philippe avait de se trouver seul, avec sa responsabilité, sous le jugement de Dieu. Fray Diego de Chaves, et le funeste Rodrigo Vasquez, agents serviles et même provocateurs des haines de Philippe, intriguent pour que le titre de président de Castille soit enlevé au vieux comte de Barajas. C'est Rodrigo Vasquez lui-même qui postule à la plus haute dignité du royaume. Philippe estime Barajas. Il l'assure par écrit de son appui et de sa confiance. Il peut compter sur sa fermeté. Mais

---

(1) « Non libere nec sponte sua... præfatam veniam ac « indulgentiam nullo jure nullaque ratione obligare. » Correspondance de *Philippe II*, I, 443. (Instrument passé le 9 août 1566, au bois de Ségovie, devant le notaire Pedro de Hoyos, en présence du duc d'Albe, du licencié Francesco de Menchaca et du docteur Martin de Velasco.)

Fray Diego de Chaves connaissait le défaut de la cuirasse. Il savait comment rompre la résistance du roi. « Moi, le confesseur, je n'insisterai pas davantage, lui écrit-il, Dieu ne m'y oblige point ; mais ce qu'il exige de moi, c'est de ne plus administrer aucun sacrement à Sa Majesté, parce que V. M. ne les peut recevoir avant que V. M. ait cédé, car telle est la volonté de Dieu. Je tiens pour une chose certaine que V. M. se trouve en ce moment, parmi les chrétiens catholiques, celui qui est dans l'état le plus périlleux. » Il fallait que le moine qui osait de telles tentatives sur l'esprit de Philippe en connût bien toute la faiblesse secrète. Devant ces menaces, le roi céda aussitôt. Si, dans sa jeunesse, il ne s'était pas trop ému de l'excommunication de Paul IV, c'est qu'il se sentait soutenu par les docteurs espagnols, mais, dans ce cas, il ne pouvait souffrir d'être abandonné à lui-même. Ainsi, soit qu'il procédât rigoureusement contre don Carlos, contre les Maures, contre les peuples flamands ou les hérétiques, Philippe avait toujours des répondants devant Dieu. Si Dieu a été dupe de ces habiletés, bon nombre de théologiens doivent assurément rôtir en enfer à la place de Philippe.

Pour ce qui est des conseils de l'Etat, le cas

est plus complexe. D'abord, Philippe ne pouvait gouverner à lui seul, tout personnel qu'il fût, une monarchie mondiale comme l'était celle d'Espagne au XVIe siècle. Il lui fallait nécessairement des auxiliaires pour préparer ses ordres et les exécuter. En outre, l'esprit de décision chez ce roi absolu était si débile qu'il ressentait le besoin impérieux d'être étayé par les autres. Dans les affaires majeures où son sentiment personnel entrait, il agissait comme pour celles de sa conscience, usant d'artifices savants pour qu'on lui proposât ce qu'il avait décidé d'avance. Cela ne l'empêchait pas, d'ailleurs, de subir les influences et de se laisser incliner à des décisions auxquelles il n'aurait peut-être pas songé. Ce meneur d'hommes fut souvent mené, parce que son esprit était peu fertile et toujours vacillant.

Il composait ses conseils de façon qu'il y eût deux partis. Ainsi il connaissait le pour et le contre, et pouvait choisir sa solution dans un sens ou dans l'autre. Il n'assistait jamais à leurs séances, mais dans chacun d'eux il avait des hommes de confiance qui le renseignaient sur les dessous des délibérations (1).

_____

(1) « Mais cela s'entend en ce sens que le prince a un

Même avec ses collaborateurs directs, il pipait les dés. Il ne leur soumettait pas toujours toutes les pièces des affaires qu'ils avaient à traiter. Il leur tendait des pièges même et les induisait parfois volontairement en erreur. Il lui est arrivé d'altérer des pièces ou d'en substituer de fausses aux véritables (1). Gonzalo Perez, l'un de ses secrétaires d'Etat, écrit à Tomas Armenteros, le 30 juin 1565 : « S. M. se trompe et se trompera toujours sur beaucoup d'affaires, en les traitant comme elle fait, tantôt avec celui-ci, tantôt avec celui-là, cachant à ceux qu'elle consulte certaines choses et leur en confiant d'autres. Il ne faut donc pas s'étonner que des dépêches différentes et même qui se contredisent, soient écrites par le roi ; cela arrive non seulement pour la Flandre, mais encore pour les autres provinces (2). » Le motif de ces fraudes, de ces dissimulations, c'était toujours le *secret du roi*. Quelquefois l'intérêt est visible, comme lorsqu'il laisse opérer des grattages sur les bulles du pape où qu'il fait fabriquer des pièces fausses, comme dans l'affaire Montigny, par

serviteur fidèle et dévoué qui lui rapporte tout ce qui se passe. » Gachard, Correspondance de *Philippe II*, p. iv.

(1) Modesto Lafuente, *Historia de España*, V, 44.

(2) Weis, *Papiers d'Etat de Granvelle*.

exemple, ou qu'il se rend complice de faux monnayeurs et des trouveurs de pierre philosophale. Mais souvent cet intérêt est purement moral. Philippe ne voulait partager son autorité avec personne ; sa suprématie devait être intangible. Il ne tolérait rien de ce qui pouvait grandir et le dominer, ou même l'égaler à ses sujets (1). Il fut l'ennemi caché de la plupart des grands hommes de son règne. Il préparait la disgrâce de don Juan ; il desservit Alexandre Farnèse et exila le duc d'Albe, ce merveilleux instrument de sa politique. Quant à Granvelle, il ne l'utilisa qu'en le diminuant. Pour servir Philippe, il fallait s'annihiler. Dans le tableau : *La Victoire de Lépante*, qu'il fit exécuter par le Titien, ce n'est pas le glorieux vainqueur don Juan qui en est le personnage principal, mais Philippe lui-même.

« Le service de Dieu » tel est le mot d'ordre du règne, la clause de style qui apparaît dans toutes les dépêches de la chancellerie royale. Le pharisaïsme sur le nom de Dieu est particulièrement déplaisant dans les affaires qui appelaient surtout les secours du diable. Tous les grands crimes d'Etat ordonnés par Philippe

(1) Antonio Perez, *Relaciones*, 449-450.

ont été accompli sous le couvert de la divinité.
Lorsque Charles IX sollicite l'amnistie du prince
d'Orange, Philippe répond que « cela ne serait
nullement convenable pour l'honneur et service
de Dieu ». Et lorsqu'il fait assassiner ce prince,
c'est pour ce même honneur et ce même service.
Sommes-nous ici en face d'une monstrueuse
hypocrisie ? Non. Dieu, c'était Philippe lui-
même ou tout comme. Il rendait ses décrets ;
il agissait pour lui, et ce que le roi d'Espagne
goûtait, Dieu le trouvait bon, et ce qu'il détestait, Dieu devait le haïr.

Robespierre incarnait la République et Philippe II la divinité. Nous touchons ici au
point suprême de cette personnalité : elle
se poussait elle-même à la puissance infinie
et se faisait l'objet suprême de la justice. Ses
intentions, comme ses actes, étaient sacrés,
même lorsqu'ils frisaient le crime.

VI

LE FANATIQUE.

Comme tous les subjectifs qui se jettent dans les luttes humaines ou qui s'y trouvent fatalement mêlés par la destinée, Philippe était un esprit intolérant, un cœur exclusif, un tempérament absolu, un fanatique enfin. Au contraire des mystiques purs qui s'abolissent socialement, au contraire de l'homme supérieur qui discipline consciemment tout son moi et sait l'adapter aux circonstances, le roi de l'Inquisition hybridait en lui le profane et le sacré, accouplait l'ange à la bête. C'est de cette monstrueuse fornication psychologique que résulte son identité morale.

L'ivresse intérieure de Philippe, par une sorte de réversibilité spontanée, devenait sa force secrète et inconnue pour l'action. Tous ses intérêts prenaient la forme religieuse de son âme. Les droits du roi qui, selon lui, étaient souverains par définition, revêtaient un carac-

tère divin au contact de sa foi. L'âme élevait
le roi jusqu'à Dieu, et le roi, avec sa toute-puis-
sance, devenait le soldat de l'âme. Chaque fois
que les facultés spirituelles, faites seulement
pour servir l'individu intérieur, se substituent
à celles de relation, le fanatisme commence,
c'est-à-dire la passion de soi, de ses idées, de
ses sentiments, et, par suite, l'abomination de
tout ce qui leur est contraire. Il résulte de cet
état de surexcitation émotionnelle, soit un
délire d'amour et de haine, soit une profonde
indifférence. Amour pour tout ce qui attire la
passion ; haine contre ce qui la contrarie et
l'irrite ; indifférence envers ce qui n'a aucun
rapport avec elle. L'amour d'un passionné est
tyrannique; sa haine, virulente comme un
poison mortel. Le fanatique est ainsi le vrai
Ennemi des Hommes, un monstre dans la nature ;
car, dans l'humanité, comme dans le reste de
la création, l'harmonie résulte de composantes
diverses et non des dissonances effroyables et
solitaires.

Or, pour un Philippe II, comme pour un
Robespierre, un Calvin ou un Cromwell, la
perfection ne peut être atteinte que lorsque
personne ne se distingue d'eux.

Au point où nous sommes parvenus de notre

étude, il paraît difficile d'unifier la personnalité de Philippe dans le type du fanatique. Une
série de caractéristiques primitives de son idio-
syncrasie contrastent singulièrement entre elles
et semblent nous montrer plusieurs personnes
morales dans son individualité. L'une, qui
serait paisible, patiente, laborieuse, endurante
et indulgente ; une autre, tout illuminée de passion sacrée ; une autre, poétique, rêveuse,
aimant le chant du rossignol et la paix bucolique
des champs ; une autre encore, enfermée,
bureaucratique, compassée, celle du commis
principal d'un vaste Etat, se débrouillant lente-
ment au milieu d'immenses affaires ; enfin,
l'ultime, celle que l'histoire connaît surtout :
sombre, tragique et fatale.

L'on peut se demander, en considérant ces
physionomies diverses, laquelle peint véritablement Philippe II. Que répondre à cette
question, sinon que chacune de ces manières
d'être le caractérisent à certains moments de
son existence et appartiennent, par conséquent,
à sa personnalité ? Si l'on adopte un point de
vue exclusif, à œillères, si l'on peut dire, il sera
loisible de peindre un Philippe II sentimental,
gai, indulgent et bon, ou mélancolique et rê-
veur, ou timide et inoffensif, ou exclusivement

criminel. Pour nous assurer des opinions fixes
à bon compte, et exemptes du tracas des modi-
fications, nous inclinons volontiers à renfer-
mer le portrait d'un homme dans une seule
caractéristique. Pour beaucoup de gens, ces
deux mots : sombre fanatique, peignent Philippe tout entier, de face, de profil, assis et
debout. Ceux ensuite qui découvrent comme
des oasis charmantes et douces en son âme, s'é-
tonnent et prétendent nous prouver ensuite que
celui qui fut appelé le démon du Midi, ou le
dévorateur de l'Europe, n'était au demeurant
qu'un homme timide et doux.

Pour nous qui nous trouvons libres de tout
parti pris et qui sommes convaincus que rien
de ce qui appartient à l'homme n'est vraiment
absent de l'individu, il nous suffira de remarquer que les manifestations, en apparence opposées de Philippe, sont successives et qu'elles
ont, par conséquent, un ordre d'importance et
une valeur de fréquence appréciables dans sa
destinée. Or, ce qui domine en lui, du commencement à la fin, c'est une subjectivité ardente, jalouse, dominatrice, ainsi qu'un attachement indéfectible à son autorité. Cela fait
deux passions : l'une, de l'âme, en ce qu'elle a de
plus individuel et intime ; l'autre, de l'homme,

dans ses rapports avec la société. Ces passions se combinant soit en des réactions
communes ou séparées, Philippe est un fanatique double : fanatique religieux et fanatique
politique. Par rapport à lui-même et à autrui,
voilà ce qu'il y a de vraiment dominant dans
sa vie. Les autres particularités que l'on observe en lui sont faibles ou intermittentes, et de
peu de poids, en somme, pour la détermination
de sa valeur humaine. Néanmoins elles existent comme des possibilités pour une vie meilleure. Et ce sont ces possibilités, toujours ouvertes devant soi, qui nous rendent responsables de l'orientation de notre destinée.

Mais le fanatisme de Philippe, que ces actes
constants formant montagne dans sa destinée font apparaître comme la qualité ma-
jeure de sa personnalité, n'était pas en activité à toute heure du jour et à chaque jour de
l'année. Il y avait des rémittences pendant
lesquelles d'autres facultés prenaient la dominante, une dominante précaire et inefficace à
la vérité, mais cependant vécue.

Pendant ces répits, Philippe n'était certainement pas un mauvais homme. Peu liant sans
doute, toujours dangereux, mais enfin simple,
doux, pacifique et même tendre. On cite de

lui des traits de bonhomie touchants. Les différents *Dichos et Echos del rey don Phelippe II*
contiennent des anecdotes de ce genre qui ne
sont peut-être pas toutes des inventions. On
souhaiterait, par exemple, que celle-ci fût vraie.
Un jour, un bourgeois du bourg de Saint-
Martin pénètre dans l'Escurial. Il rencontre
sous une galerie un homme pâle, simplement
vêtu de noir. Avec une rondeur familière, le
bourgeois de San-Martino prie l'homme du
palais de lui faire visiter les merveilles de Saint-
Laurent-le-Royal. L'inconnu, obligeant et
courtois, le promène partout. La visite finie, le
bon bourgeois, heureux et reconnaissant, avant
de quitter son cicerone bénévole se nomme et
ajoute : « Si vous passez par Saint-Martin,
venez me voir, et je vous ferai boire de bon
vin. » L'autre réplique sur le même ton : « Et
moi, je suis le roi d'Espagne, et si vous venez
me voir à Madrid, je vous en ferai boire de
meilleur. » Il est vrai qu'on attribue également à Philippe des actes contraires. Celui-ci,
par exemple. Un jour, le duc d'Albe, son fils, et
le grand écuyer don Antoine de Tolède entrè-
rent dans le cabinet de Philippe en fermant la
porte derrière eux. Le roi, les dévisageant d'un
air dur, s'écria : « Voilà une témérité crimi-

nelle qui mérite la hache. » Mais, laissons
ces ragots historiques, dénués de toute importance, et examinons des témoignages plus au-
thentiques.

Les lettres écrites par Philippe à ses filles (1)
permettent d'entrevoir le roi catholique dans
ses meilleurs moments. Certes, ces lettres ne
témoignent point d'une sensibilité de cœur très
vive ; elles sont bonnes et affectueuses cependant et expriment une vraie sollicitude paternelle. Philippe s'inquiète de la santé de ses
filles, de leur croissance, de leur dentition, de
leur éducation. Il les prie de lui donner la mesure de leur taille et leur envoie fréquemment
de petits cadeaux. Et souvent il exprime son
impatience de les revoir. C'est à elles qu'il demande des renseignements sur leurs frères, les
princes don Diégo et Philippe, et sur leur petite sœur Marie. Lui-même leur donne quelques détails sur sa vie privée. Il leur raconte,
assez sèchement d'ailleurs, ses voyages sur le
Tage, ses visites aux monastères des environs
et aux églises.

Il est fait souvent allusion dans ces lettres à

---

(1) Gachard. *Philippe II. Lettres à ses filles les infantes
Isabelle et Catherine.*

une certaine Madeleine, que Philippe dépeint
ainsi : « Elle est dans un triste état, sourde,
faible, vieille et à moitié caduque (1). » Cette
Madeleine se permettait de bouder son maître.
« Madeleine, écrit Philippe à ses filles, montre
une grande tristesse de ce que son gendre est
parti aujourd'hui pour Madrid ; je crois qu'elle
le fait pour la forme. Elle est très fâchée contre
moi, parce que je l'ai grondée à propos de certaines choses qu'elle a faites à Belem, sur les
galères (2). » Madeleine avait des démêlés
avec un certain Luis Tristan, démêlés que Philippe narre avec une indulgente bonhomie :
« Madeleine est très fâchée contre moi, raconte-
t-il, depuis qu'elle vous a écrit, et c'est parce que
je n'ai pas grondé Luis Tristan à propos d'une
querelle qu'ils eurent ensemble devant mon
neveu. Je n'étais pas présent, mais je crois que
c'est elle qui commença en le traitant avec
mépris. Elle s'en est allée de très mauvaise
humeur contre moi, disant qu'elle veut partir
et qu'elle le tuera ; mais je crois que demain
elle aura tout oublié. » Mais Madeleine a
de plus graves défauts encore : elle boit. Phi-

---

(1) Lettre du 15 janvier 1582.
(2) Lettre d'Almada, du 26 juin 1581.

lippe ne craint pas de le laisser entendre : « Je ne sais pas ce qu'elle a, mais je crois que c'est peu de chose ; peut-être le vin n'y est pas étranger. Si elle savait que je vous écris cela, elle m'en ferait de belles... »

Voilà vraiment un Philippe débonnaire, patient même. Nous pourrions le montrer également en bien des circonstances doux, juste, humain. Remarquons qu'il n'était ainsi que lorsque son fanatisme sommeillait, dans les accalmies de ses animosités sourdes, et avec des êtres qui ne froissaient en rien son irritabilité spéciale. Il tolérait beaucoup de choses à Madeleine et à ses fous ; mais, pour celui qui faisait tressaillir sa haine latente, il devenait implacable et sans considération aucune. Il fut doux pour les infantes et rigoureux jusqu'à la cruauté envers le pauvre don Carlos, son fils. Il écoute chanter les rossignols en Portugal, mais sa sensibilité ne s'émeut pas devant les pauvres et douloureuses victimes de l'autodafé. Ayant assisté à l'un de ces actes abominables, tout ce qu'il trouve à dire à ses filles, en leur écrivant, c'est que la cérémonie a été bien longue ! Enfin s'il tolère des licences à Madeleine, il tient l'Espagne asservie et captive sous le plus atroce despotisme. Une parole imprudente, un soupir, une larme de compassion, pouvaient vous perdre sous le régime de Philippe II, un vrai régime de despotisme et de terreur. En 1794, Camille Desmoulins traduisait Tacite pour protester contre l'oppression sanglante de Robespierre. Tomas Alamos de Barientos faisait de même sous Philippe II. Qu'ils soient païens, chrétiens ou humanitaristes, les tyrans appellent la même réprobation. Leurs iniquités offensent et blessent la conscience humaine de même façon. Le vertueux Tibère, Philippe le demi-saint, le puritain Robespierre s'apparentent non seulement par leur tyrannie, née de fanatismes différents, mais encore par la dévotion secrète qu'ils témoignent aux vertus contraires à leurs actes. Ils aiment la probité, la paix, la justice. S'ils sont cruels, c'est la faute des méchants. Et chacun d'eux, dans leur solitude morale, ont quelques jardins riants. Comment en serait-il autrement lorsque l'on est homme et que l'on a tout de même un cœur ? Mais, par rapport à l'humanité, ce qui les caractérise surtout, c'est le mal qu'ils lui ont fait. Et comme les passions qui produisent le crime sont évidemment plus fortes et plus irrésistibles que les débiles vertus se manifestant au cours de leurs éclaircies, il est bien évident que ces passions, dans la vie psychologique, sont majeures et mènent la ronde infernale des graves et lourdes vies qui écrasent les autres et remplissent leur époque de gémissements.

Il ne suffit pas de montrer que Philippe II était un fanatique et un tyran par une sorte de nécessité intime, résultant à la fois de son état affectif et de sa volonté dominatrice. Il faut surtout faire voir ce fanatique et ce tyran en action, car ce sont nos actes qui nous peignent le mieux, par rapport aux autres.

VII

LES CRIMES D'ÉTAT.

L'esprit de violence trouve plus facile de détruire l'obstacle que de le contourner ou de régler les moyens à employer en tenant compte de ses résistances. Pour le fanatique, la nécessité de perdre l'adversaire en son corps, ses biens et son honneur, s'impose avec la force d'une noire obsession. Il concentre sur eux toute sa puissance prodigieuse de haine, décuplée encore par ce fait qu'il accable l'objet haï d'un opprobre total. Il suffit qu'il vous réprouve, même pour une faute légère, pour que l'on devienne à ses yeux un criminel avéré.

Nous avons déjà dit que les desseins de Philippe ayant leur justification suprême en son âme, tous les moyens lui étaient bons pour les réaliser. Voici le moment de montrer qu'il ne tremblait même pas lorsqu'il s'agissait de pousser ces moyens jusqu'au crime.

Il y a autour de lui un grand nombre de morts suspectes et dans lesquelles on est obligé de relever des coïncidences étranges. Un peu avant d'expirer, don Juan se plaint qu'on lui ait fait prendre un breuvage par force. Alexandre Farnèse soupçonnait qu'une drogue eût été ajoutée à sa boisson ou à ses aliments. Il mourut tout enflé, et comme don Juan, les intestins brûlés. A l'époque où ces deux grands capitaines rendirent l'âme, Philippe les minait en dessous et les suspectait tout en leur adressant de bonnes paroles officielles. Lorsqu'en Portugal Philippe fut atteint de catarrhe, le président des ordres, Antonio de Padilla, révéla à la reine Anne que le roi, dans son testament, ne lui laissait pas la régence, d'où plaintes et récriminations de l'Autrichienne. L'imprudent Padilla mourut presque subitement et la reine Anne peu après. Il semble bien que Philippe ait tenté de supprimer sa terrible rivale Elisabeth d'Angleterre (affaire Lopez, par exemple). Il a été accusé d'avoir hâté la mort de l'énergique et incommode Sixte-Quint. Il tint constamment des assassins aux trousses de don Antonio, prieur de Crato, son compétiteur au trône du Portugal. Il avait promis 50.000 ducats de récompense à qui lui livrerait ce pauvre rival exilé, mort ou vif. C'est miracle qu'Antonio Perez ait échappé aux sicaires chargés par son roi de l'occire. Le comte de Luna, frère du duc de Villahermosa, interné dans un château à la suite des *alteraciones* de l'Aragon, s'est plaint qu'on ait remplacé le cuisinier de son frère par un homme qu'avait choisi le gouverneur du château (la mort du duc fut connue avant qu'on l'ait su malade). La police de Henri IV ayant substitué un homme de confiance au courrier que le duc de Mayenne envoyait au roi d'Espagne, celui-ci croyant avoir affaire à un affidé révéla sa pensée. Il fallait que le Béarnais allât à Rome demander son pardon au pape. Ceci réalisé, Philippe arrangerait si bien les choses qu'on ne le laisserait pas aisément retourner. On comprend de reste.

Du moment que l'on sait que le conseil de conscience discuta quelquefois s'il fallait donner à tel ou tel une « bouchée », ou, selon le mot diplomatique de Philippe, un *requiescat in pace*, autrement dit un poison, il est facile d'imaginer des crimes que Philippe n'a peut-être pas commis (1). On ne prête qu'aux riches, et le

_____

(1) Dans le dossier du procès que Philippe faisait instruire contre le duc de Villahermosa, on trouve cette consultation significative : « Si le crime est public, le juge sou-

roi catholique était fécond en perfidies. D'ailleurs il brûla tant de papiers avant de mourir que beaucoup de suspicions restent possibles, sans qu'on puisse jamais les vérifier. Mais il n'est pas nécessaire, du moins à notre point de vue, de nous attarder à ces faits hypothétiques ou certains. Les quelques grandes affaires du règne, où plus de certitude est possible, nous permettront de voir suffisamment le politique implacable et l'horrible fanatique en action.

verain (c'est-à-dire le roi) peut condamner et punir, sans citation, défense ni débat. Telle est l'opinion de Cayétano : *In summa verbo homicidium*, et de Navarro : *In manuali*, cap. xxv.

DON CARLOS ET PHILIPPE II.

Don Carlos était le triste fruit du mariage de Philippe avec sa cousine Marie de Portugal. Ce fut toujours un enfant fiévreux et malingre. « Le pauvre prince est si bas, écrit l'évêque de Limoges, le 14 mars 1560, il va d'heure en heure tant affaiblissant que les plus sages de cette cour en ont bien petite espérance. » Dans un autre document, l'ambassadeur indique au sujet du prince « que la commune opinion des médecins siens est qu'il s'en va éthique et sans grande espérance de l'avenir » (1). Une chute qu'il fit dans une vis d'escaliers à Alcala de Hénarès, en poursuivant une jeune fille, lui

(1) Louis Paris, *Négociations*. — Les dépêches de Fourquevaulx, de Claude de l'Aubespine à la cour de France, celles de Tisnacq à la régente des Pays-Bas donnent de mêmes indications.

causa une fracture du crâne, un érysipèle, et, sinon une lésion au cerveau, du moins un fort ébranlement (1). En cette circonstance, son état devint si désespéré que Philippe le laissa pour mort et donna, avant de partir, des ordres détaillés pour ses funérailles. L'opération du trépan, conseillée par Vésale, le sauva. Mais sa pauvre santé devint encore plus précaire qu'auparavant après cette commotion.

C'est une triste destinée que celle de don Carlos. Sans qu'il eût rien fait, en naissant, il était marqué pour une existence inégale et douloureuse. Ce fils d'un grand roi recevait tous les privilèges de la fortune avec un corps misérable et déshérité. Le portrait du prince des Asturies, peint par Sanchez Coëllo, le montre débile, malformé, avec un front buté et des yeux plus obstinés qu'intelligents. Le baron de Dietrichsen, qui devait renseigner spécialement l'empereur Maximilien sur tout ce qui touchait à don Carlos, le dépeint ainsi : « Il a les cheveux bruns et lisses, la tête médiocre, le front peu élevé, les yeux gris, les lèvres moyennes, le menton un peu long, le visage

---

(1) Cabrera dit : « La lésion du cerveau est démontrée par l'incapacité de la volonté. » (L. VI, ch. v.)

très pâle… Il n'est pas large d'épaules, ni d'une grande taille ; l'une de ses épaules est plus haute que l'autre, sa poitrine rentre. Il a une petite bosse au dos, à hauteur de l'estomac. Sa jambe gauche est beaucoup plus longue que la droite et il se sert moins facilement du côté droit que du côté gauche. Il a les cuisses assez fortes, mais mal proportionnées, et il est faible des jambes. Sa voix est faible et aiguë ; il éprouve de la gêne quand il commence à parler, et les mots sortent difficilement de sa bouche ; il prononce mal les r et les l ; toutefois, il sait dire ce qu'il veut et parvient à se faire comprendre. »

Cette mauvaise conformation, l'asymétrie motrice du corps, la faiblesse des membres inférieurs, la difficulté du langage appartiennent à la description physique d'un dégénéré. Et vraiment le cas de ce pauvre prince apparaît comme privilégié, et peut-être unique pour une étude de psychiatrie. L'ensemble des causes qui, chacune séparément, peut provoquer des psychoses morbides, est rassemblé en lui. L'hérédité, par les maladies des ascendants et les consanguinités fréquentes, lui lègue une constitution anormale. Il est un rejeton d'épileptiques, de goutteux, de lypémanes, de vésaniques, d'hystériques moraux enfin.

Il a été conçu à la période d'immaturité des parents (père, dix-sept ans ; mère, seize). Il subit un traumatisme double de l'encéphale : choc et opération chirurgicale. Son évolution pubérale fut imparfaite (1). L'éducation prit son naturel à rebrousse-poil et il subit de grandes contrariétés morales. Il fut, en outre, livré à des excès de religiosité.

Toutes ces causes qui accablent la destinée psychique et mentale du prince d'Espagne indiquent que son cas est très compliqué et qu'il serait peut-être très difficile, même à un spécialiste, de le classer dans l'une des

---

(1) *Herrera dit* : « Avia alcuna sospecha que non era habil en la generacion. » L'ambassadeur Fourquevaulx signale maintes fois cette particularité, notamment dans sa dépêche du 3 juin 1567, où on lit : « Nonobstant les recettes que ses trois médecins lui ont fait user pour le rendre habile d'épouser femme, c'est temps perdu d'en opérer lignée... » La cause de cette incapacité peut fort bien être psychologique. En tout cas, on remarque en don Carlos tous les désordres causés par les troubles de la puberté. Sur ces troubles, voir l'excellente étude du Dr Marro, dans *Traité international de psychologie pathologique*, t. I, p. 769. J. Voisin : *les Psychoses de la puberté ;* Mairet : *Folie de la Puberté*, dans *Ann. méd. psychologique*, 1888-1889. Krafft-Ebing, *Psycopathia sexualis*. F. Regis : *Traité de psychiatrie*, t. III, p. 525 à 531, etc...

formes des psychoses dégénératives connues,
hébéphrénie de Kalhaun, paranoia impulsive,
ou dans l'une des trois catégories classées
par le docteur Marro. Bornons-nous à décrire le
cas, sans le nommer, puisque ce n'est pas de
notre compétence.

Ses opérations intellectuelles furent impar-
faites et subirent des arrêts soudains, comme
cela se produit fréquemment chez certains
psychasténiques(1). Par moments, son élocution
difficile correspondait à une certaine incohé-
rence d'esprit. Ses conceptions devenaient
facilement excessives et exaltées. Elles se
caractérisaient souvent par une sorte d'ambitiou délirante, ou tout au moins extrava-
gante.

Le trait distinctif des hidalgos castillans,
l'amour de la gloire militaire, s'exagérait en
lui, comme chez bien des jeunes gens qui
n'ont pas encore jeté leur gourme, sous l'effet
d'une propension immodérée aux actions excep-
tionnelles. Il concevait ainsi des desseins
insensés, dont certains le conduisirent à sa
perte. Sa volonté explosive avait des sursauts

---

(1) Dr Pierre Janet .., *les Obsessions et la psychasténie*,
I, 360.

furieux, aberrants. A ses soudainetés terribles et contradictoires, succédaient des périodes d'affaissement et de faibles efforts. L'étude de sa biographie montre que les accès frénétiques qu'il subissait s'accompagnaient d'impulsions cruelles, de phobies étranges.

Il faisait donner quelquefois le fouet ou la bastonnade aux personnes qui lui déplaisaient. Il en contraignait d'autres à signer l'engagement de le servir aveuglément, quoiqu'il pût demander. Une fois il voulut faire châtrer un quidam. Une autre fois, il aurait obligé son cordonnier à manger, bouillies, une paire de bottes mal réussies. Le Président du Conseil de Castille ayant empêché un comédien de venir jouer devant lui, don Carlos le saisissant par un pan de sa robe et levant son poignard s'écria : « Méchant petit prêtre, vous osez vous attaquer à moi en empêchant Cisneros de venir me servir. Par la vie de mon père, je vous tuerai (1). » Les gentilshommes de sa chambre devaient parfois endurer les coups de leur maître. Il souffleta don Diégo

---

(1) « Curilla vos arriveis a mi, no dexando a servi me Cisneros ? par vida de mi padre que os tengo de matar. » Cabrera, ch. XXII, p. 469.

de Acuna, Estebez de Lobon et don Juan de
Cordoba. Don Fadrique Enriquez, son majordome, fut menacé d'être poignardé. Lorsqu'au
moment de son départ pour les Pays-Bas, le
duc d'Albe vint prendre congé de don Carlos,
celui-ci le reçut la menace à la bouche et la
dague à la main. Le duc dut se défendre et
maîtriser le furieux. Même scène une autre
fois avec don Juan, son oncle, qu'il aimait ten-
drement à l'ordinaire.

Dans ces mauvais moments, il allait jusqu'à
faire rouer de coups de petits enfants. Il s'a-
musait aussi à martyriser les animaux. Une
fois, dans son écurie, il blessa grièvement
dix-sept chevaux. Son père avait une mon-
ture préférée, un grand cheval noir. Le
prince se fit donner la permission de l'aller
voir. Lorsqu'il sortit, la pauvre bête était
pantelante.

Outre ces accès de folie furieuse, don Carlos
avait des manies évidemment vésaniques,
accompagnées de perversions fonctionnelles très
significatives. Comme nombre de dégénérés,
et ainsi que Caligula en particulier, il avalait
des objets insolites, des perles, par exemple.
Il était aussi glouton que son grand-père, et,
selon le mot de l'ambassadeur Fourquevaulx,

« n'avait de force que dans les dents ». Il
lui serait arrivé d'avaler seize livres de mouton.
Le prince d'Orange écrit à son frère que don
Carlos a mangé seize livres de fruits, quatre
livres de raisins et bu plusieurs litres d'eau
glacée. En revanche, il jeûnait parfois avec
entêtement.

Il arrive souvent de constater chez les
détraqués des manifestations excessives qui
ont pour point de départ une insuffisance
physique ou psychique. Dans ces cas, l'impulsion correspond à toute la force exaspérée
d'un désir impuissant à se réaliser. Atteint de
débilité, don Carlos voulait se donner l'illu-
sion de la vigueur par des actes forcenés. Son
éréthisme moral correspondait à ce qu'il y
avait d'incomplet dans son âme. Le besoin de
mettre du relief, précisément où existent des
lacunes ou du vide, conduit souvent à la simulation, si fréquente chez les déséquilibrés.
Impubère tardif, se sachant appelé eunuque
par les méchants, le génie malin de don Carlos
le porte à se donner les apparences d'un
débauché. Brantôme dit de lui « qu'il aimoyt
fort à ribler le pavé », c'est-à-dire à déam-
buler la nuit comme font les ruffians et les
traîneurs d'épée. Sigismond Cavalli écrit au

doge de Venise : *Tutta la note andava armato con archibuzeti commetendo diverse insolentie.* » Un ambassadeur de Florence complète ainsi le renseignement : « *Tutta la note va in bordello con poca dignita et molto arroganza.* » Il lui arrivait quelquefois de rentrer sans chemise de ces équipées. Ce genre de simulation alterne souvent avec le mépris et la haine de l'objet simulé ou pour lequel l'on simule. C'est ainsi que don Carlos se montrait misogyne. « Quand il allait par les rues, écrit Brantôme, quelque belle dame, et fust-elle des plus grandes du pays, il la prenoit et la baisoit par force devant tout le monde », et en lui décochant les épithètes les plus malséantes. « Bref, continue le seigneur de Bourdeilles, il leur faisait mille petits affronts ; car il avait très meschante opinion de toutes, et encore plus des grandes dames que des autres, les tenant pour très hypocrites et traîtresses en amour... Bref, il estoit leur fléau de toutes. »

Faut-il dire, après avoir fait ces constatations, que don Carlos était un fou ? Maudsley affirme avec raison, semble-t-il, qu'il n'y a point de ligne de démarcation entre la *sanity* et l'*insanity*, parce qu'il ne saurait se manifester de discontinuité dans la nature humaine (1). A plus forte raison ne trouvera-t-on pas cette barrière entre une psycho-névrose et la démence caractérisée. Cependant, nous savons que ceci n'est pas encore cela et peut ne pas le devenir.

Don Carlos n'est pas tout dans ces extravagances et ces fureurs (2). Il savait aimer avec une tendre délicatesse. Ses sentiments pour la douce et bonne Elisabeth de Valois, femme de son père, paraissent avoir été exquis. Il la comblait de présents, bagues, tapis d'or et de soie, coffrets et autres objets, comme une fois « un chapeau de paille garni d'un crancelin d'or, avec un Jésus en diamant entouré de rubis et d'émeraudes et que por-

---

(1) *La folie et le* crime, éd. franç., II, 39.

(2) Il raisonnait, paraît-il, très pertinemment lorsqu'il n'était pas surexcité. L'humaniste Juan Cordero atteste qu'il avait de bonnes dispositions et vante ses réparties. Jean *Huarte* rapporte un dialogue intéressant entre don Carlos et le docteur Suarez, de Tolède. Pedro Salazar de Mendoza, laudateur de Philippe pourtant en ses *Origines des dignités séculières de Castille et de Léon*, indique comme Dietrichsen que le prince des Asturies aimait par-dessus tout la justice et la vérité. On loue aussi son extrême franchise : *E principe che quello che ha in cuore ha in bocca*, dit un Vénitien.

taient des anges. « La reine et la princesse
(dona Juana), écrit l'ambassadeur de France
à Catherine de Médicis, soupent souvent en un
jardin qui est près de la maison, et le prince
avec elles, qui aime la royne singulièrement, de
façon qu'il ne se peut soler de en dire bien. »
Lorsque Brantôme déclare que le Prince des
Asturies était le fléau des dames, il ajoute :
« Fors la Royne que j'ai vu qu'il honorait fort
et respectait ; car estant devant elle, il chan-
geait du tout d'humeur et de naturel, voire de
couleur. » Dans ce jardin d'épines qu'était le
cœur de don Carlos, une fleur d'une délicate
sentimentalité était née, et ce n'est pas la
seule. Il voua à son maître Honorato Juan
une affection vraiment filiale ; il récompen-
sait ses serviteurs avec bonté et une inclination
louable le portait à faire du bien. Les comptes
de sa maison en font foi. Ils témoignent, ces
livres de dépenses, que le prince entretenait de
sa bourse des enfants abandonnés. Une fois il
tira de prison un malheureux qui s'était
adressé à lui. Il existe un document précieux
pour juger des qualités intimes de don Carlos :
son testament, où se trouve ramassé tout son
trésor moral. Les dispositions en sont géné-
reuses et les sentiments de la plus haute

noblesse et de la plus parfaite humilité. Il ne
veut point de mausolée pour sa tombe. Une
simple pierre de jaspe suffira. Aucune dépense
inutile ne devra être faite à l'occasion de ses
obsèques. Il les veut modestes, avec peu
de cierges et point de catafalque. Il fait des
donations pieuses et des legs touchants à ses
serviteurs et amis. Il n'oublie pas ses deux
esclaves, Diégo et Juan. Selon ses prescriptions, on devra leur faire apprendre l'art
de la sculpture, sous la direction de Jacomo
de Trezo, et s'ils se conduisent bien, les
affranchir et les marier en les dotant. Enfin, il
demande pardon de toutes ses fautes à Dieu,
à son père et aux hommes.

Don Carlos était bien un « terrible masle »,
comme dit Brantôme, mais aussi et surtout un
pauvre enfant malade, doué d'un naturel délicat
et chevaleresque qui s'éclipsait lorsque des contrariétés vraies ou imaginaires, jointes aux
effets de la névrose, le jetaient dans l'aber-
ration et le scandale. Pour lui, il n'y avait que
deux catégories de gens dans le monde : ceux
qu'il aimait et ceux qu'il haïssait. Son père en
trouva la liste dans ses papiers. Aux uns
tout le venin, aux autres tout le miel de son
cœur.

Ces psychopathies de l'adolescence sont souvent amendables, guérissables même. Le Dr Marro, un savant spécialiste en la matière, estime qu'il serait imprudent de déduire le caractère de l'homme des manifestations de l'adolescence. Selon que l'éducation et le milieu seront bons ou mauvais, l'enfant versera dans l'un ou l'autre de ses penchants. Philippe a certainement manqué d'intuition morale et de bonté dans les directions de son fils. En le faisant espionner, surveiller, régenter et élaguer de toutes ses initiatives, il l'acculait en son mauvais naturel. La remarque en 'a été faite par des contemporains. Fray Diégo de Chaves, l'âme damnée de Philippe, est singulièrement modéré dans son jugement sur don Carlos. Il attribue ses défauts à la mauvaise éducation qui lui fut donnée; il le juge capable de devenir un bon prince. L'ambassadeur Drietrichsen nous met également sur le chemin de la vérité : « S'il passe pour avoir des défauts, relate-t-il, il y a beaucoup de gens qui ne s'en étonnent guère, en considérant ce qui s'est fait à son égard, sans compter qu'il a toujours été délicat et maladif. » Il semble bien ainsi que les folies du prince d'Espagne soient le produit à la fois de son tempérament morbide et

de l'instinct tyrannique de son père. Lorsque
don Carlos est méchant, sa virulence paraît
toujours provenir d'une contrariété ou d'une
antipathie. Ce qu'il abhorre surtout, ce sont les
fous, les espions, les créatures de son père.
« Il déteste le mensonge, dit Dietrichsen, et ne
pardonne jamais à celui qui lui a menti une
fois. Il affectionne les personnes intègres,
probes, vertueuses et distinguées. » C'est pour
cela, sans doute, que son cœur irritable était
si souvent en révolte, dans un temps et en un
milieu dominé par beaucoup d'hypocrisie et
de machiavélisme.

La mésintelligence entre le père et le fils
était extrême(1). Don Carlos se trouvait indis-
ciplinable et d'humeur indépendante et belli-
queuse. Philippe voulait tout soumettre et
asservir. Il semblait promettre un homme
d'action à la manière de Charles-Quint ; son
père l'empêchait et le tenait dépendant en
tout. Une fois, effrayé par les revendications
de don Carlos, conforme aux lois de la Castille, aux termes desquelles le prince héritier
se trouve hors de tutelle dès qu'il a atteint ses

---

(1) « Adeo dissimilimi sunt moribus pater et filius. »
Hopporus au président Viglius, 2 avril 1567.

quinze ans, Philippe lui fit présider le Conseil
d'Etat. Mais il lui retira cette faveur rapidement
sous prétexte que le prince jetait la confusion
dans les séances. Fourquevaulx indique le motif
réel de la décision de Philippe. Don Carlos
commandait « absolument en beaucoup de
choses », il voulait « estre obéi sans réplique ».
D'où cabale des secrétaires d'Etat et effroi dé
Philippe (1) qui voulut être le maître absolu
jusqu'au moment de rendre l'âme (2).

L'indéfectible tyrannie du père et l'obstination du fils en ses velléités d'émancipation
engendrèrent une sorte de haine réciproque (3)
qui fit prendre à don Carlos une attitude d'opposition (4) et l'incita à des desseins coupables,

(1) Lettre du 30 juin 1567.

(2) « Ha voluto regnare sino al momento di render
l'anima. » Agostlino Nani, 1598. Tomaso Contarini
(1593) fait connaître que le futur Philippe III était également écarté des affaires par son père qui lui interdisait
toute action personnelle. Mêmes indications dans Francisco
Vendramino (1595).

(3) « Mas la obstinacion del padre i hijo impidio la
concordia. » Cabrera, VIII, 443. « Il y a une merveilleuse
indignation et mauvaise satisfaction entre le roi catholique et le prince son fils ; et si le père le hait, le fils ne
fait pas moins. » Fourquevaulx, dépêche du 12 septembre 1567. Du même, dépêche du 19 janvier 1568.

4. « Il resprouve et mesprise communément les actions
du roy son père. » Ibid, 3 nov. 1565.

tandis que le père, par réciprocité, versait dans la sévérité et l'injustice.

Il n'est pas rare que les adolescents mal équilibrés et contrariés aient une tendance aux aventures. Cela se traduit chez les pauvres par le vagabondage, chez les riches par les fugues et les fâcheuses équipées. Don Carlos, lorsque son espoir d'aller gouverner les Pays-Bas fut déçu par l'envoi du duc d'Albe, forma le projet de sortir d'Espagne et de se réfugier dans l'un des Etats de la couronne, très probablement dans les Flandres, où il avait peut-être des intelligences. Il entreprit des négociations pour se procurer de l'argent et tenta de s'assurer le concours de don Juan. Celui-ci se bâta d'informer son frère des projets de don Carlos. En même temps des confesseurs faisaient savoir à Philippe que son fils avait déclaré nourrir une haine mortelle contre lui. Philippe était à l'Escurial lorsqu'il apprit ces nouvelles. De retour à Madrid, et après avoir consulté son conseil de conscience, il prit ses résolutions. Dans la nuit du 18 janvier 1568, l'ascète de l'Escurial revêtit une armure sous ses habits, se coiffa d'un casque et se munit d'une épée. Dans cet appareil inusité, il se rendit à la chambre de son fils. Ruy Gomez, le duc de

Féria. Luis Quijada, le prieur don Antonio, douze hommes de la garde royale et deux *ayudas de camara*, munis de clous et de marteaux, l'accompagnaient. L'ingénieur de Foix ayant faussé le mécanisme secret qui fermait la porte du prince, les ministres du roi pénétrèrent dans la pièce et enlevèrent les armes que don Carlos avait à son chevet, avant qu'il ait pu s'en saisir. Philippe parut alors. « Qu'est ceci, s'écria le prince éveillé en sursaut, Votre Majesté veut-elle me tuer ? » Le roi, tout en le rassurant, fit clouer les fenêtres et dégarnir la chambre des armes et objets dangereux qu'elle contenait. Il fit aussi enlever l'argent et les papiers de son fils. Saisi de désespoir, don Carlos se jeta alors aux genoux de son père, en demandant qu'on le tuât, plutôt que de le séquestrer. Et il menaça de se détruire lui-même, si sa prière n'était pas écoutée. « Ce serait l'acte d'un fou », répliqua Philippe. Alors, le prince, la voix coupée de sanglots, répondit : « Je ne suis pas fou ; je suis désespéré par les mauvais traitements de Votre Majesté à mon égard. » Comme il reprochait encore à son père ses duretés et sa tyrannie, celui-ci déclara : « Ce n'est plus en père que je vous traiterai, mais en roi. »

Il tint parole. Depuis ce moment, don Carlos ne fut plus pour le roi catholique qu'un prisonnier d'Etat. Il l'enferma dans une tour et lui donna comme gardien les hommes que le malheureux détestait le plus.

Il existe des relations officielles sur la détention et la mort du prince des Asturies, et les dépêches des différents ambassadeurs contiennent de nombreux renseignements à ce sujet. On ne doit pas oublier en les lisant que don Carlos était mis au secret le plus absolu ; que seules les créatures de son père l'approchaient. Lorsqu'on sait, en outre, avec quel art minutieux Philippe savait fabriquer une vérité officielle, on doit tenir les relations et les indiscrétions comme réglées, dictées ou filtrées par Philippe lui-même. Dans ces conditions, les unes et les autres laissent-elles entrevoir la vérité vraie ? Les circonstances de l'affaire en font douter.

D'après la relation officielle, don Carlos serait mort à la suite de ses imprudences volontaires. Il aurait mangé à l'excès des fruits, des pâtés, des viandes et bu de l'eau glacée à s'en faire mourir. Il se promenait pieds nus, sur les dalles de sa chambre, arrosées auparavant, et faisait rafraichir son lit avec de la neige.

Voici une autre thèse. Antonio Perez, dans une lettre à Guillaume du Vair, indique qu'il fut « ordonné que, durant quatre mois, on luy donnerait une potion si lente, laquelle serait distribuée en tous ses repas, qu'insensiblement il perdrait les forces et la vie, ce qui fut exécuté. » On peut suspecter le témoignage d'Antonio Perez, alors en révolte ouverte contre son roi. Mais les faits dont il parle remontent à une époque où il était l'un des secrétaires d'Etat les plus en faveur auprès de Philippe. D'autre part, tous les autres renseignements relatifs à cette affaire, contenus dans la même lettre, ont été reconnus exacts. Celui-ci peut donc l'être également, d'autant plus qu'une dépêche de Fourquevaulx semble le confirmer : « On lui donne parfois quelques bouillons substantiaux et des presses de chapon avec de l'ambre et aultres poudres cordiales détrempées parmi. Lesdits potages se font secrètement en la chambre de Ruy Gomez *et semblent tellement suspects que s'il mourait le monde en parlerait.* » Si rien d'insolite n'avait était mélangé à ces poudres, il n'y aurait pas eu de raison pour que cette cuisine se fît secrètement dans la chambre d'un ministre d'Etat.

Même en admettant qu'un poison lent n'ait pas été administré au prince, Philippe ne saurait être absous. Lui qui avait réglé tous les détails de la vie de son fils prisonnier, pouvait tout aussi bien régler son régime et empêcher les abus dans le boire et le manger. En le laissant libre à cet égard, alors qu'il le comprimait pour tout le reste, il favorisait les dérèglements qui devaient conduire le malheureux à la mort. Il l'aidait sournoisement à se suicider. Le roi catholique a bien senti que sa conduite en ceci paraîtrait équivoque. Il fait insinuer par le secrétaire d'Etat Zayas que si l'on avait empêché don Carlos de faire des excès de bouche, il se serait livré à d'autres, ce qui reviendrait à dire, en somme, qu'il faut laisser le prince se détruire comme il l'entend. Ce qui est certain, c'est que la mort du prince causa à Philippe un vrai soulagement. Il avoue lui-même à l'ambassadeur de Venise que cette mort a été un grand bien pour ses Etats et pour la tranquillité de son esprit.

Les offenses que don Carlos lui avait faites suffisaient à rendre un tel père implacable. Mais on peut se demander encore si la question religieuse n'a pas également joué un rôle dans la détermination de Philippe. Le prince **des**

Asturies n'avait-il pas frisé l'inquisition à un certain moment (1)? C'était là, certainement, une raison de plus pour que Phillippe fût inexorable Mais la consternation publique les intercessions des parents. la sympathie, la pitié que le sort du prince provoqua universellement, le lui rendirent davantage odieux. Il devenait plus peureux qu'auparavant et se tenait aux écoutes dans la crainte d'un mouvement populaire. On dit qu'il n'osait plus sortir de son palais.

De toutes les raisons que le roi catholique avait eues de punir son fils, il n'en avoua qu'une: la démence. Et dans les lettres qu'il écrivit à ce sujet, il eut bien soin de faire entendre que la mesure qu'il venait de prendre était définitive. Don Carlos serait retranché du nombre des vivants pour le salut de l'Etat. Il ne se départira point de cette rigueur implacable, quoi qu'il advienne. A un certain moment, don Carlos s'amende. Tous les gens de cœur de la famille intercèdent en sa faveur. C'est inutile. Une trappe de fer est tombée sur le malheureux, elle ne se relèvera plus. Dans sa lettre du 19 mai 1568, Philippe s'explique

(1) Voir dans Gachard : *Philippe II et don Carlos,* la lettre d'Honorato Juan, p. 237.

sur ce point avec sa sœur, femme de Maximilien : « Vos Altesses considéreront que c'est une question de temps, qu'il y a des moments où l'esprit est plus sain que dans d'autres et que les imperfections de ce genre doivent être envisagées d'une manière toute différente relativement à tout ce qui touche le gouvernement et les actions publiques, ou au point de vue des actes personnels et de la vie privée : car il peut très bien se faire qu'on soit incapable des premiers, et que dans les autres on se conduise d'une façon passable et tolérable. Vos Altesses considéreront donc que cet acte particulier (l'admission de don Carlos à la communion) n'est pas en opposition avec le défaut d'entendement que, pour mes péchés, Dieu a permis qu'il y ait en mon fils. »

Si de toutes les causes qui avaient motivé l'internement de don Carlos, Philippe, sa correspondance de l'époque le prouve, n'en met qu'une seule en évidence : la folie, c'est évidemment pour établir l'incapacité à régner de l'héritier du trône. De cette façon, sa mesure se justifiait devant le monde et surtout aux yeux du peuple espagnol, qui adorait son prince. De plus, le caractère perpétuel de la réclusion apparaissait comme nécessaire. En-

fin, c'est le roi seul qui semble agir en la
circonstance ; son crime peut se comparer
ainsi au sacrifice d'Abraham ou à celui de
Brutus. Il livre sa chair même à l'intérêt supérieur de l'Etat.

Nul doute cependant que l'homme n'aiguil-
lonnât le monarque. Sa dureté n'est que vengeance, puisqu'elle exclut toute pitié. Lorsqu'on lui annonce que son fils refuse les
aliments qu'on lui sert, Philippe répond :
« Il mangera assez lorsqu'il aura faim. » Au
moment où tous les désirs des mourants deviennent sacrés, il refuse d'aller voir son enfant qui
l'implore et il défend expressément à la douce
et bonne Elisabeth, ainsi qu'à la tante de don
Carlos, d'aller porter leurs dernières consola-
tions à l'agonisant. Le prince rendit son
dernier soupir abandonné des siens, sous les
yeux de ses ennemis, auxquels il avait évan-
géliquement pardonné.

On n'oserait affirmer cependant que le sacrifice de don Carlos n'ait pas été salutaire à
l'Espagne. Ce pays infortuné n'aurait-il pas eu
en lui un autre Caligula ? Dans le bien comme
dans le mal, le Prince des Asturies pré-
sente beaucoup d'analogie avec le sinistre
tyran de Rome ; mais a-t-on le droit de préju-

ger de l'avenir, lorsqu'il s'agit d'une créature humaine?

Don Carlos avait un vif penchant pour sa cousine Anne d'Autriche. C'est la seule femme qu'il voulût épouser. Il la préférait à toutes celles dont il avait été question à son sujet. Dans ses bons moments, il disait qu'il se garderait vierge pour elle (1). L'empereur négociait ce mariage depuis longtemps. Philippe avait répondu qu'il se ferait après la guérison de don Carlos. Peu de temps après la mort du prince et d'Elisabeth de Valois, le roi catholique commit l'impiété d'épouser lui-même celle qui avait été la promise de son fils infortuné.

(1) « Que quando S. A. dio la cayda en Alcala, havia heco noto de ne llegarse jamas à otra muger, y asi ny curava ni queria enarmorarse de ninguna. » Chantonay à Philippe II, 20 mai 1515. *Papiers d'Etat* de Granvelle, IX, 213.

IX

Voici une affaire sanglante, qui sort tout entière de l'âme de Philippe et qui témoigne d'elle. Le scandale que cette affaire provoque est précieux pour l'historien. Cette large déchirure dans l'appareil politique de ce roi lui permet d'en apercevoir toute la machinerie secrète. L'artiste pourrait trouver aussi dans cette cause célèbre la matière d'un beau drame, d'un drame à l'espagnole, avec romances d'amour, poignards et crimes, héroïsmes romantiques, mêlés au jeu tragi-comique de toutes les grandes et petites passions humaines. Le tout noyé dans les larmes et le sang. Le scénario de ce drame serait le tableau historique même. En voici une esquisse :

Premier acte. — Philippe II, de complicité avec le secrétaire d'Etat Antonio Perez, fait assassiner, une nuit, après avoir vainement tenté de l'empoisonner, le secrétaire de don Juan, nommé Escovedo. Philippe estimait que cet Escovedo donnait des conseils dangereux à son frère. Antonio Perez, amant de la princesse d'Eboli, que le roi aimait, craignait les révélations de son camarade, élevé comme lui dans la maison du prince d'Eboli, alors décédé. En effet, ledit Escovedo avait surpris Antonio dans un tête-à-tête non équivoque avec la princesse, et il s'était promis, soit par vertu, soit par jalousie, de faire cesser cet outrage à la mémoire de son maître.

Deuxième acte. — Le meurtre d Escovedo soulève une longue rumeur publique. La famille de la victime, aidée par les ennemis d'Antonio Perez, soupçonné dès la première heure, crie justice. Philippe II rassure son ministre ; mais ayant appris ses déportements avec la princesse, d'Eboli et sachant encore que celle-ci, dans un moment de colère, s'était écriée d une manière outrageante qu'elle préférait Antonio au roi, il le fit arrêter et envoya la princesse en exil, ou plutôt en prison dans un de ses châteaux.

Troisième acte. — Philippe, en proie à la crainte des révélations qu'Antonio pourrait faire, lui inflige d'abord les arrêts chez lui, puis

le tient emprisonné sept ans jusqu'à ce qu'il
ait réussi à se faire livrer les papiers que
Perez détenait. Alors, il fait soumettre son
ancien confident à la torture pour l'obliger à
dire que c'était lui, Philippe, qui avait donné
l'ordre de tuer Escovedo. Toutefois, le patient
devait faire ensuite la preuve des raisons qu'il
avait alléguées alors au roi pour justifier cet
acte. Or, ces preuves, Philippe les connaissait,
puisque Perez lui communiquait toutes les
pièces de l'affaire et que lui-même, par l'intermédiaire d'Antonio, tendait des pièges à
don Juan et à son secrétaire Escovedo. Mais
Philippe, croyant détenir tous les documents
de son prisonnier, estimait que cette preuve ne
saurait être faite, et qu'enfin Perez pourrait
être accusé d'avoir menti à son roi et fait
assassiner un de ses sujets pour raisons personnelles.

Quatrième acte. — Se sentant perdu, Perez,
grâce à la complicité de sa femme, l'admirable Juana Coello, et de son fidèle ami, Gil de
Mesa, réussit à s'évader et à se réfugier dans
le royaume d'Aragon. Là, en vertu de l'acte des
manifestados, il ne peut être jugé que par les
tribunaux du royaume, c'est-à-dire par des
juges indépendants, car, en Aragon, on est dans

un pays libre, très jaloux de ses franchises. Et comme Perez a conservé le billet autographe du roi, ordonnant le meurtre d'Escovedo, il sera acquitté. Philippe veut ressaisir sa victime. N'ayant pas réussi à faire enlever le fugitif de vive force, il le livre à sa fidèle inqui-sitiou. Aux mains du Saint-Office, même jugé en Aragon, Antonio Perez sera condamné par Philippe. Seulement, pour le peuple de Sara-gosse, il n'y a´ pas de roi qui tienne. Le droit a été violé. Il se révolte aux cris de : *Contra fueros ! aide à la liberté.* Perez est ballotté d'une péripétie à l'autre. Délivré une première fois, la sainte Inquisition le happe encore et est obligée de nouveau à rendre sa proie à l'émeute vengeresse. Il n'est cependant pas sauvé. Il a encore devant lui toute la force du roi d'Espagne.

Cinquième acte. — Les événements dépassent maintenant l'intérêt d'Antonio Perez. Selon la coutume antique, Philippe avait été reconnu roi d'Aragon, par cette fière déclaration : *Nous qui valons autant que toi, et qui pouvons plus que toi, t'élisons notre roi sous la justice d'Ara-gon.* Pour un souverain absolu, comme Philippe, la couronne d'Aragon n'était donc pas sans épines. Dans sa jeunesse, il était venu

aux Cortês de Monzon avec l'intention de
« rongner les ongles » à ces gens libres. Leur
intraitable résistance l'obligea lui-même à
faire patte de velours. Les révoltes de Saragosse
en faveur d'Antonio Perez ajoutaient des
offenses intolérables à un vieux et profond
ressentiment. L'occasion était belle d'introduire en Aragon des troupes castillanes ; de
punir les rebelles et d'abolir les franchises
autour desquelles se groupaient les sentiments
nationaux des Aragonais. Ferdinand le Catholique et Charles-Quint n'osèrent point violenter
ce peuple courageux. Philippe, à l'abri d'un
motif qui lui paraissait légitime, tenta l'aventure et la réussit à peu de frais. Il lui suffit
d'un peu de ruse et de conception. Il écrivit aux
notables pour les assurer que les troupes castillanes ne feraient que traverser le pays pour
se rendre en France. En passant, elles ap-
puieraient simplement la justice. D'ailleurs, en
ceci, son intention, disait-il, était d'user de
clémence et de bonté ; il ne toucherait point
aux libertés publiques aragonaises.

Lorsque les troupes de Philippe ont pénétré
en Aragon, après une faible résistance, les
écrits s'envolent et les actes s'affirment. Les
plus hautes têtes du pays tombent. Le *justicia*

*mayo*r héréditaire, Juan de la Nuza, est décapité. Avec lui, « la justice fut condamnée à mort et suppliciée », dit justement Antonio Perez en ses *Relaciones*. Le duc de Villahermosa et le comte d'Aranda sont internés dans une forteresse, où ils meurent d'une façon suspecte l'année suivante. Don Martin de la Nuza, don Diego de Heredia et nombre d'autres notables ont la tête tranchée. De nombreux habitants de Saragosse et de Téruel, après avoir été pendus, sont découpés en quartiers comme du bétail. Les têtes des nobles suppliciés sont clouées aux portes de la ville, où elles demeurent exposées, pour la consternation et la honte de leurs parents et concitoyens, jusque sous le règne de Philippe III, qui délivra enfin la cité de cet opprobre. L'Inquisitiou agissait parallèlement à la justice royale. Le jour du *Quemadero*, on brûla Antonio Perez en effigie avec 79 victimes.

Lorsque Philippe eut plongé l'Aragon dans le silence et la stupeur par ces sévérités sanguinaires, il réunit les Cortès et se donna la satisfaction de leur faire abolir les *fueros*, et de les contraindre à se décapiter elles-mêmes de leurs antiques pouvoirs. Le droit des *manifestados*, dont Antonio Perez avait bénéficié, était

supprimé ; le cri de *liberté* devenait séditieux.
Aucun écrit ne pouvait être publié sans la
permission royale. La ville de Saragosse
recevait enfin une garnison castillane.

Ceci fait, c'est-à-dire ayant tué tout ce qui
pouvait l'être, Philippe prononce un pardon
général, dont sont exclus, d'ailleurs, la plupart
de ceux qui devaient en bénéficier (1).

Ainsi s'affirmait la loyauté et la clémence du
roi d'Espagne.

Quant à l'acteur principal du drame, il
réussit, ayant pour ainsi dire la mort entre les
dents, à gagner la frontière des Pyrénées avec
son inséparable Gil de Mesa. La fin de sa vie
est celle d'un aventurier politique, tour à tour
aux gages de la France et de l'Angleterre.
Philippe se vengea sur sa pauvre femme et ses
sept enfants en les gardant tant qu'il vécut dans
une prison ignominieuse. C'est son fils qui
tira cette pauvre famille, malheureusement

---

(1) C'est le cachet des amnisties de Philippe. L'acte de
clémence fallacieux accordé aux Pays-Bas contenait
aussi beaucoup plus d'exceptions que de cas absous ; au
surplus, une restriction secrète l'annulait complètement.
Il en fut de même en Portugal, après la conquête. Le
pardon de Philippe suivit ses vengeances, sans les
éteindre d'ailleurs.

décimée, de la geôle infâme. Juana Coello et sa fille Gregoria méritent assurément de faire partie de la phalange des grandes héroïnes. Leur dévouement conjugal et filial n'a certainement pas été surpassé.

Les événements de ce drame font résonner tout le clavier psychologique de Philippe. Aux prises avec des faits extérieurs très rapprochés de lui, il doit se découvrir et se montrer tel qu'il est, presque sous toutes ses faces.

Dans la première période, on voit se manifester son esprit de défiance ombrageuse, sa tendance invétérée à l'espionnage et aux perfides machinations. C'est lui-même qui provoque ce long drame en se faisant personnellement, par l'intermédiaire de Perez, l'agent provocateur qui doit entraîner don Juan dans quelque faute grave. Le fils naturel de Charles-Quint était magnanime, généreux, loyal. Ambitieux, certes, chimérique peut-être, mais incapable de forfaire à l'honneur et, par conséquent, de trahir son frère. Au moment où celui-ci le joue, le trompe et le déçoit, il se plaint, mais avec des paroles fidèles (1). Don Juan était

(1) « Il ne voulait qu'obéir, que servir Sa Majesté, le

grand, glorieux, capable d'accomplir de vastes projets, et Philippe, comme ces arbres qui ne laissent rien croître autour d'eux, avait besoin sinon de détruire, du moins de rapetisser ce héros, car il fut toujours un éteigneur d'hommes. Lorsque don Juan gouverne les Pays-Bas, loin de l'aider, le roi préfère le desservir au détriment des intérêts de sa couronne. Il lui écrit des lettres affectueuses et il cherche à le perdre. Il l'encourage dans son projet de conquérir l'Angleterre, mais en faisant tout ce qui était nécessaire pour l'empêcher de mettre ce projet à exécution. Aussi don Juan, abreuvé de dégoûts, un peu avant de mourir, écrit-il à son frère une noble lettre, où il exprime sans détour toute la douleur de son âme : « Quant à moi, dit-il, je ne laisse pas d'être vivement affligé de voir que je sois le seul disgracié et abandonné de Votre Majesté, moi qui, sire, non seulement comme frère, mais comme l'homme du monde qui vous est le plus passionnément dévoué et vous a servi

valeureux prince... » écrit Alexandre Farnèse après la mort de don Juan. Alfred Cauchie et van der Essen. *Inventaire des archives farnésiennes*, CLXXIX ; voir aussi. dans Mignet, la belle lettre de don Juan à Antonio Perez, p. 41.

avec le plus de loyauté et d'attachement, devrais être estimé à un autre prix et considéré d'une autre manière. Mais puisque ces titres n'ont pas suffi et ne méritaient pas qu'on tînt plus de compte d'eux et de moi, n'oubliez pas, sire, au fond de votre cœur, que nous tous, tant que nous sommes ici, et pour qui il y va de la vie dans ce terrible jeu, si nous la perdons glorieusement pour Dieu et Votre Majesté, nous aurons conquis une destinée qui, sous un rapport du moins, sera digne d'envie (1) ».

Le restant du drame met aussi en relief la duplicité de Philippe II, que certains historiens cherchent à nier. Les faits sont trop nombreux ici pour les citer tous. Rappelons qu'Antonio Perez est arrêté au moment où le roi lui fait bonne mine ; que Philippe II écrit à don Juan pour l'assurer que son secrétaire Escovedo sera renvoyé auprès de lui et qu'on lui témoignera beaucoup d'égards, à la veille de le faire assassiner. Il avance en Aragon, avec la promesse d'une politique modérée, alors qu'il couve dans son cœur la tyrannie et la vengeance.

(1) Mignet, « Antonio Pérez et Philippe II », p. 113.

Philippe se montra également très sévère envers la princesse d'Eboli. Il la tint exilée et séquestrée dans son château de Pastrana, sans égard pour son rang et pour son ancienne faveur. Il est permis de soupçonner au sujet de cette persécution qu'un motif de vengeance personnelle s'est ajouté à la raison d'Etat.

Antonio Perez laisse entendre dans divers passages de ses œuvres que le long martyre que lui fit subir le roi catholique était causé par une rivalité d'amour. La chose est mystérieusement indiquée dans cette suite de distiques placés en tête de l'édition de ses *Relaciones* de 1598, en exergue d'une gravure représentant Tityus rongé par les vautours :

> At meruit Titius funesti vulnere rostri
> Cuius erat tanto tantum in amore scelus
> Nil ego peccavi : nisi si peccasse fatendum est
> Suspectum nostro forte fuisse Iovi.
> Iure vel immerito nil refert. Iiam satis hoc est
> Suspectum nostro semper fuisse Iiovi.

Ainsi, doit-on lire, Perez a subi les blessures du bec néfaste pour avoir porté une si criminelle atteinte à un si grand amour. Perez n'a rien fait, à moins qu'on ne considère comme un crime d'avoir peut-être été soupçonné par notre Jupiter. — Justement ou injustement, peu importe. Il suffit, sans doute, d'avoir été soupçonné par notre Jupiter.

M. Morel-Fatio (1) voit avec juste raison dans ces distiques une indication sérieuse et dont on doit tenir compte, car ici ce n'est pas l'ennemi de Philippe qui se vante ou calomnie, mais un homme traqué qui dépose la vérité comme un trésor inestimable dans un endroit secret.

Dès l'époque du mariage de la belle Anne de Mendoza, Philippe lui fait une donation. Le fils aîné de la princesse était le seul qui eût les cheveux blonds comme le roi. Il prenait lui-même l'attitude d'un bâtard de Philippe. Il marchait de pair avec le duc d'Ascoli et on les considérait tous deux en Espagne et aux Pays-Bas comme les fils naturels du roi. Enfin, dans un billet au juge Pazos, Philippe écrit : « Si Eboli était ici et connaissait sa femme comme moi, il entendrait les affaires comme moi-même. » L'homme qui connaît mieux une femme que son mari s'appelle en général son amant. Enfin Catherine de Médicis recommandait toujours à sa fille d'être bien avec la princesse d'Eboli, et elle lui en-

---

(1) *L'Espagne au XVI⁰ siècle.*

voyait elle-même des cadeaux, comme à une
favorite qu'il faut ménager.

Les faits paraissent donc s'établir ainsi :

Philippe aurait eu avec la princesse des relations qui se seraient relâchées à la longue et
enfin rompues. (La princesse, avant sa liaison
avec Perez, avait passé deux ans dans un couvent. Ensuite, ayant appris que cette femme,
jadis aimée, appartenait à son secrétaire et
faisait fi de lui, sa passion ancienne se serait
réveillée sous la forme d'une jalousie haineuse.
L'attitude hautaine et sarcastique de la princesse pendant ses persécutions montre bien
l'orgueil de la femme devant l'homme qui la
persécute, mais qu'elle a déçu.

La princesse d'Eboli et Antonio Perez ont
été accusés par leurs ennemis d'avoir fait tuer
Escovedo pour supprimer un censeur indis-
cret et dangereux. En donnant l'ordre de cet
assassinat, Philippe, de son côté, n'obéissait
qu'à un mobile de son âme peureuse et tyrannique. Lorsqu'on eut réussi à le convaincre
qu'en servant sa cause personnelle, il avait également favorisé celle du couple Perez-Eboli, et
à un tel point qu'il paraissait leur dupe, son
ressentiment ne pouvait qu'être féroce. Il
ne serait donc pas nécessaire de faire inter-

venir la jalousie pour expliquer l'attitude de Philippe dans cette affaire. Il paraît cependant vraisemblable que c'est elle qui envenima d'une manière si atroce ses ressentiments.

X

C'étaient deux seigneurs belges de la plus
haute naissance Le marquis de Montigny appartenait à l'illustre lignée des Montmorency de
France. Il était le frère cadet du comte de
Hornes, dont la destinée, comme la sienne, eut
une fin tragique. Jean de Glymes, marquis de
Berghes, passait pour l'un des nobles les
plus riches des Flandres, après le prince d'O-
range et le comte d'Egmont. Montigny occupait les fonctions de gouverneur et grand
bailli de Tournaisis ; Berghes, celles de capitaine général et grand bailli du Hainaut. Ils
étaient tous deux chevaliers de la Toison
d'Or.

Catholiques l'un et l'autre, mais libéraux,
tolérants, et convaincus que le service de la
religion n'exigeait nullement le sacrifice des
libertés publiques, ils désapprouvaient les per-

sécutions et faisaient opposition à la politique
oppressive et étroitement espagnole que Philippe II prétendait appliquer aux Pays-Bas.
Berghes disait des réformés : « S'ils veulent se
convertir, je ne les inquiéterai pas ; s'ils ne le
veulent pas, encore ne leur ôterai-je pas la vie,
car ils pourraient se convertir par la suite (1).
Montigny pensait de même qu'il était abusif
de punir les délits de religion (2). L'un et l'autre
jugeaient parfois Philippe avec peu de ménagement. Ils n'étaient pas dupes de ses affec-
tations doucereuses, car ils l'accusaient de
fausseté, de perfidie et de haine (3). Patriotes
flamands, Berghes et Montigny se trouvaient
naturellement parmi ceux qui ne voulaient pas
laisser consterner la riche, industrieuse et
joyeuse Flandre par la triste, stérile et fanatique Inquisition d'Espagne.

Ces idées de tolérance et de résistance à la
tyrannie étrangère avaient fait sortir Berghes
et Montigny, ainsi que les comtes d'Egmont,
de Hornes, et le prince d'Orange du cercle

(1) Correspondance de *Philippe II*, I, xxxvii, et II, 36.
(2) *Ibid.*, Granvelle au roi. 10 mars 1563.
(3) Fray Lorenzo au secrétaire Erasso, 27 décembre
1565 ; la duchesse de Parme au roi, 13 janvier 1563 ;
Alonso del Canto au roi, 22 avril 1566.

étroit dans lequel Philippe pouvait tolérer autrui. Hors de la sujétion anonyme ou de la ser-
vitude officielle, point de salut sous son règne.
Berghes, Montigny et les autres se dressaient
devant sa conscience vénéneuse et irascible
comme des monstres intolérables qu'il y avait
lieu d'extirper du nombre des vivants. Il les
haïssait d'une haine froide et triste comme la
mort et tramait leur perte avec une patience
et une dissimulation félines. Il fit juguler les
comtes de Hornes et d'Egmont par le *tribunal
de sang*, que dirigeait le duc d'Albe. Quant à
Berghes et à Montigny, pour se saisir d'eux,
il les attira traîtreusement à Madrid, sous
prétexte de négociations.

Avertis par des appréhensions fondées sans
doute sur la connaissance qu'ils avaient de
Philippe, les deux seigneurs flamands n'accep-
tèrent cette mission qu'à regret. Il fallut les
instances réitérées de la régente et de leurs
compatriotes pour les décider. Montigny par-
tit le premier (1566) ; Berghes, malade et blessé,
tarda tant qu'il put. Il voyagea d'ailleurs len-
tement et s'arrêta même quelque temps dans
le Poitou. Montigny, exhorté par Philippe, le
pressa d'arriver. Le roi lui fit écrire lui-même
des lettres rassurantes. Il arriva enfin.

Berghes et Montigny venaient solliciter l'a-
bolition de l'Inquisition dans les Pays-Bas, la
modération des placards, l'amnistie générale,
l'envoi d'une forte provision d'argent à la régente. Tolérer, pardonner, fournir des subsides,
c'était demander l'impossible à un homme
porté par toutes les impulsions de son être à
dominer, à se venger et à spolier.

Nullement dupe de la comédie honorifique
et consultative que Philippe lui faisait jouer,
même avant l'arrivée de Berghes, Montigny
demanda à retourner dans sa patrie. Ils renou-
velèrent ensemble, et à plusieurs reprises, leur
demande de congé. Mais Philippe n'était pas
homme à lâcher sa proie. Berghes et Montigny
se sentant prisonniers, surveillés et espionnés,
devinrent sombres et désespérés. Berghes s'a-
lita (1) Les médecins assuraient qu'il était nécessaire, pour sa guérison, de le renvoyer dans
sa patrie. Alors, comme il renouvelait sa de-

---

(1) « Le povre marquis de Berghes est trépassé ce
matin, lequel, à ce qui m'a esté rapporté, a dit clairement que le roi catholique est cause de sa mort, pour
ce qu'il l'a détenu si longtemps par force... Il fut si
marry de quoi ceste Majesté s'en alla d'ici dernièrement
sans luy donner son congé, qu'il se coucha au liet, dont
il ne s'est jamais relevé. » Fourquevaulx à Charles IX,
21 mai 1567.

mande de libération avec une pressante insis-
tance, Philippe II écrivit le billet suivant au
prince d'Eboli : « Le prince d'Eboli ira voir
le marquis de Berghes, et après s'être bien
assuré que sa maladie est mortelle et que tout
voyage est impossible, il lui dira que le roi lui
permet de partir pour son pays (1). » Voilà,
dans toute sa nudité, la conscience du roi catholique.

Philippe pratiqua toujours la politique des
otages. Dans toute affaire qui passionnait tant
soit peu ses intérêts, il tâchait de saisir un
morceau de la chair, du cœur, des biens de
ses partenaires. Juana Coello et ses sept en-
fauts prolongent Antonio Perez dans la torture Pour tenir le prince d'Orange, il fit saisir
son fils (2), ainsi que celui du comte de Hornes,
par le duc d'Albe. Aidé par la complicité de
l'impératrice sa sœur, Philippe réussit à se
faire envoyer les deux fils de l'empereur Maxi-
milieu, suspect à plus d'un titre aux yeux du
roi catholique.

Berghes et Montigny étaient ainsi des otages

(1) *Correspondance de Philippe II*, I, 536.
(2) « Mon fils m'a été enlevé dans un âge où il était
incapable de l'offenser... » Prince d'Orange, *Apologie*.

de la noblesse des Pays-Bas entre les mains de
Philippe, mais des otages destinés au sacrifice,
dès que le moment serait opportun. « Si Madame a de la répugnance pour la fourberie,
écrivait don Francès de Alava, ambassadeur
de Philippe II en France, à la Régente des
Pays-Bas, elle doit considérer que ces circonstances et que l'intérêt du roi exigent ces artifices de langage. *Le roi a usé de ce système
avec Berghes et Montigny qui sont venus près
de lui ; il est bien décidé à ne les laisser jamais
retourner. Il préférerait risquer tous ses États
plutôt que de faillir à leur infliger un châtiment
exemplaire* (1). » Juan de Mendibil écrit
encore à Madame (1567) que Berghes et Montigny seront bientôt payés « comme il convient (2) ».

Philippe attendait pour les servir que le duc
d'Albe fût bien entré, à Bruxelles, dans sa
fonction de dictateur. Il trouvait même que
l'affaire traînait. Il s'agissait d'attirer les comtes
de Hornes et d'Egmont dans un guet-apens
pour les arrêter. Lorsque le coup eut réussi

---

(1) Sir *Horris* tho the Queen, 24 mai 1567. Cité par
Forneron.

(2) Alfred Cauchie et Van der Essen, *Inv.* des *Archives
farnésiennes*, p. 200.

grâce à des stratagèmes de brigands (1) et
contre toutes les règles de la loyauté et de l'honneur dont le peuple espagnol faisait sa gloire,
le duc d'Albe impliqua Montigny dans le complot et le fit juger par le *tribunal de sang*, entièrement à ses ordres, et qui le reconnut cou-
pahle du crime de haute trahison. La sentence,
rendue par le duc lui-même, portait que le
traître serait décapité sur la place publique, que
sa tête serait plantée sur une perche et tous
ses biens confisqués.

Ce n'est pas exactement ce que voulait Philippe. Montigny était placé en quelque sorte
sous sa sauvegarde. Il ne pouvait pas laisser
dire en Europe que le droit des gens était violé
autour de lui. Il fallait donc que Montigny pa-
rût être mort naturellement. Ensuite on publie-
rait un arrêt de haute trahison, afin de pouvoir
confisquer ses biens, car la cupidité marche
de pair avec la vengeance dans la terrible

---

(1) Les comtes de *H*ornes et d'*E*gmont furent attirés
à Bruxelles par les demandes remplies de protestation
d'amitié du duc d'Albe. Il leur fit offrir un repas par
son fils naturel Hernandez de Toledo, puis les appela
dans sa propre demeure pour examiner un travail de
fortification pour Auvers. Ils ressortirent prisonniers de
la maison du duc.

répression contre les nobles des Pays-Bas.

Philippe se chargea lui-même de régler les détails de cette sinistre machination. Après avoir étudié avec ses conseillers de quelle manière on ferait périr le baron de Montigny, il choisit la strangulation, de préférence au poison (1). Il donna des ordres en conséquence et le drame s'accomplit selon ses prescriptions. Une nuit, à deux heures du matin, le gouverneur de Simancas (Montigny était détenu dans cette forteresse), un alcade, un notaire, le confesseur et le bourreau pénétrèrent dans la chambre de Montigny. Tandis que le ministre de Dieu priait et que le notaire rédigeait le procès-verbal de l'exécution, le bourreau liait Montigny sur une chaise et l'étranglait avec l'anneau de fer (*el garrote*). Avant le lever du jour, l'alcade, le moine et le notaire étaient rentrés furtivement dans Valladolid, comme des gens qui viennent d'accomplir un mauvais coup Selon les instructions du roi, le cadavre fut revêtu d'un froc de franciscain dont le capu-

---

(1) « Parescia a los mas que era bien darle un bocado o echar alcun genero de veneno en la comida o bebida con que se fuesse muriendo poco à poco... Mas à S. M. parescia que desta manera non se cumplia con la justicia. » *Documentos ineditos*, IV, 561.

chou rabattu dissimulait les traces livides de
la strangulation. On présenta le corps ainsi
affublé aux serviteurs du trépassé. Philippe fit
célébrer des obsèques honorables à sa victime.
Montigny passa ainsi pour être décédé, comme
on dit, de sa belle mort. En transmettant le
procès-verbal de cette exécution au duc d'Albe,
le roi lui recommande d'accréditer la version
de la mort naturelle de Montigny et lui pres-
crit de commencer son procès posthume pour
haute trahison.

Si l'on voulait se rendre compte par le détail jusqu'à quel point Philippe II poussait l'art
de fabriquer des versions officielles pour mas-
quer des événements réels à l'aide de fraudes
savantes et d'habiles tromperies, il n'y aurait
qu'à parcourir une à une la série de pièces qui
se trouvent au tome IV (p. 526 à 554) de la
*Collection des documents inédits pour servir à
l'histoire d'Espagne*. On y verrait d'abord avec
quelle froide minutie le roi règle l'événement tragique (1), ensuite avec quelle fertilité d'inven-
tion il brode les apparences qui doivent rendre
la fiction croyable. Il fait ostensiblement visiter

(1) Instructions adressées au licencié A. de Arellano.
Doc. in., IV, 542-549.

le prisonnier par un médecin. Une officine voisine prépare les médicaments relatifs à la maladie dont Montigny devra censément mourir. On permet au malheureux d'écrire à sa femme et même de rédiger un testament, à condition qu'il fasse cela comme un homme malade qui se sent à la veille de mourir (1).

Domitien faisait toujours précéder ses sentences, même les plus cruelles, par un préambule de clémence (2) On retrouve chez Philippe cette hypocrisie révoltante. Il envoyait les ennemis au supplice en leur jetant de l'eau bénite. En tuant le corps, il affectait une grande sollicitude pour l'âme. Ainsi tout en perpétrant l'assassinat de Montigny, Philippe a souci de son salut éternel et ordonne expressément qu'on lui en facilite les voies.

Le crime de Simancas n'est pas un événement solitaire. Un homme meurt ici ; mais, là-bas, en Flandre, et pour les mêmes raisons, tout un peuple est égorgé sous la main de fer du duc d'Albe.

---

(1) « Sino que sea hecho como memorial de hombre enfermo y que se tenia morir. » *Doc. in.*, IV, 553.

(2) « ... Nunquam tristiorem sententiam sine præfatione clementiæ pronuntiavit... » Suétone, *Domilianus*, XI.

L'ASSASSINAT DU TACITURNE.

La vérité sur les affaires que nous venons d'examiner est restée longtemps ensevelie. Il a fallu, pour la dégager des légendes ou des romans auxquels elle avait donné lieu, de longues et patientes recherches. Les érudits ont fouillé les archives et c'est seulement lorsque le fameux dépôt de Simancas a livré ses secrets, qu'on a vu quelque peu clair dans ces mystères d'Etat. Ici, les faits mettent la vérité parfaitement en évidence. Sous la pression des circonstances, Philippe, d'ordinaire si compliqué, si détourné, si retors, agit directement et ouvertement sous l'impulsion de sa conscience. La sanglante mission du duc d'Albe aux Pays-Bas montre qu'il était capable d'étrangler tout un peuple, par préméditation aussi bien que par représailles. Et le ban publié contre le prince d'Orange atteste l'extrémité de sa haine royale et la facilité avec laquelle il rendait la morale humaine et la religion complices de ses mortelles vengeances.

Entre Philippe II et les Pays-Bas, le désaccord provenait de l'antagonisme radical des tendances. Au fond, le roi voulait espagnoliser ces provinces, c'est-à-dire les soumettre à sa tyrannie politique et religieuse, dont Flamands et Wallons avaient horreur. Dès le commencement du règne de Philippe, l'instinct national est en éveil aux Pays-Bas et pressent le danger. Les premières mesures politiques du règne aggravent aussitôt l'antipathie profonde de ce peuple de producteurs et de joyeux vivants, non seulement pour Philippe II, mais encore pour l'Espagne fanatique, sectaire, dévoratrice, dont il était la personnification.

Granvelle écrit à Philippe « que les habitants des Pays-Bas disent que les Espagnols veulent détruire leur pays ; que tous les sujets sont mécontents du roi et de ses conseils ; enfin qu'on parle avec une telle liberté, qu'il y a à craindre que le soulèvement du peuple ne soit provoqué ». Les nobles faisant partie du Conseil d'Etat se plaignent vivement de n'être convoqués que pour des affaires de minime importance, tandis que celles d'un intérêt

majeur ne leur sont pas soumises, alors que
l'on prétend les rendre responsables de celles-
ci comme des autres (1). Philippe, estimant
qu'il serait prématuré de se passer de ces
auxiliaires détestés, leur donne satisfaction en
apparence, mais en leur demandant expressément de veiller au maintien de la religion et
au châtiment des coupables (2). Il sacrifie
même Granvelle à leurs récriminations. Les
Flamands n'aimaient pas Granvelle, comme
étranger d'abord, et ensuite parce qu'ils le
croyaient responsable de la politique suivie à
leur égard. Mais leurs griefs profonds résultaient surtout de cette politique elle même. Ils
protestaient contre le séjour de troupes espagnoles dans leur pays ; contre la tendance de
Philippe à la centralisation, laquelle préparait
selon eux l'exercice de son pouvoir absolu ;
contre l'élévation du nombre des évêchés de
quatre à quatorze, réforme que les habitants
interprétaient comme une organisation pré-

---

(1) Lettres du prince d'Orange et du comte d'Egmont
au roi. 23 juillet 1561 ; du comte d'Egmont à Francisco
de Eraso, 27 juillet 1561.

(2) Réponses du roi au prince d'Orange et au comte
d'Egmont, 29 septembre 1561, d'Erasso au comte
d Egmont, 25 septembre 1561.

paratoire de la persécution religieuse et de l'implantation chez eux de l'Inquisition d'Espagne ; enfin contre cette persécution elle-même déjà affirmée par la mise en vigueur des placards de Charles-Quint.

Philippe, au fond, soit par la politique de conciliation, soit par la politique de rigueur, poursuivait toujours un même but, qui était bien réellement d'asservir les Pays-Bas en confisquant les libertés publiques et en maîtrisant les consciences. Le conflit avec un peuple jaloux de son indépendance, ami de sa liberté, et qui avait la haine des Espagnols et de leur roi au cœur, devait nécessairement empirer jusqu'à la révolte ouverte et à une guerre sans merci. Philippe, en 1565, est décidé d'envoyer 60 à 70.000 hommes pour extirper l'hérésie des Pays-Bas, et les Pays-Bas, résolus à périr plutôt que d'accepter la loi que cette armée viendrait leur apporter. Le fanatisme d'en haut provoque en bas un fanatisme contraire. Les *gueux*, les *briseurs d'images*, saccagent les églises et commettent de graves excès. Bien que la régente Marguerite de Parme ait apaisé ces troubles, Philippe ne veut pas perdre une si belle occasion d'exercer sa vengeance. Lorsque ses moyens sont

prêts, il se démasque. Le duc d'Albe arrive
aux Pays-Bas avec une armée. C'est la politique sanglante de la terreur qui commence. Le
Conseil des troubles et le *Tribunal de sang* mul-
tiplient les mesures iniques, les confiscations
et les meurtres. La persécution religieuse et
politique est si terrible, si effroyable, que
protestants, catholiques, seigneurs du pays,
même ceux vendus à l'Espagne comme Viglius
et Berlaymont ; les évêques, l'empereur d'Allemagne lui-même, protestent contre cette épou-
vantable dictature. Mais Philippe, en dépit de
ces représentations, ne jugea pas à propos de
modérer l'instrument de sa vengeance et de
sa tyrannie fanatique.

A la saignée rouge qui décime les Flamands,
le duc d'Albe, avec l'audace tranquille que
donne la force, prétend ajouter la saignée à
blanc de la fortune publique. Il convoque les
états généraux pour leur faire approuver des
mesures fiscales excessives dont l'application
aurait rapidement fait de ces pays populeux
et riches un désert aride comme le devenait
l'Espagne. Il voulait percevoir une fois seulement un *centième denier*, sur tous les biens
meubles et immeubles, et, d'une façon permanente, un impôt de cinq pour cent sur la vente

de toute propriété foncière (*vingtième denier*)
et de dix pour cent (*dixième denier*) sur toute
mutation de marchandises. Chez un peuple
commerçant, cet impôt à répétition pouvait
s'élever à trente ou quarante pour cent, avant
d'arriver à la consommation. Ce n'était plus
seulement la vie et les biens des particuliers
mis hors la loi qui se trouvaient menacés, mais
la prospérité générale, avec la bourse de tous
les possédants et trafiquants. L'opposition
devint unanime et énergique. Le duc de fer,
cet homme vraiment supérieur dans la guerre,
la diplomatie, la politique et jusque dans son
énergie brutale et féroce, dut atténuer, céder,
s'en aller enfin sur l'ordre de son maître, malgré
ses succès militaires contre le prince d'Orange
et Louis de Nassau, chefs de la révolte.

Le commandeur de Castille Requesens,
qui succède au duc d'Albe, a pour mission
d'appliquer une politique d'accommodement
et de conciliation. La méthode terroriste n'est
plus possible. L'autorité royale, même appuyée
du tribunal de sang, est débordée par le mécontentement général. La noblesse du pays sym-
pathise avec les rebelles. L'opposition unit
catholiques et protestants, ecclésiastiques et
laïcs, nobles et artisans. Les gueux de

terre et de mer restent soulevés. La situation
oblige Requesens à se battre, et ses ordres à
négocier. Sanchez Davila gagne la terrible
bataille de Mook (1574), victoire inefficace, car
le soir même du combat, les troupes espagnoles se mutinent et vont piller Anvers. La
même année, l'armée espagnole subit à son
tour une sanglante déroute sous les murs de
Leyde. Les négociations en vue d'un arrange-
ment n'ont pas plus de succès. La situation
reste toujours la même entre les Pays-Bas et
Philippe II. Ceux-ci veulent assurer l'indépendance et l'autonomie de leur pays, sous la su-
zeraineté de l'Espagne, et la liberté individuelle
avec la suprématie de la foi catholique, et
celui-là maintient toujours le contraire. Les
états généraux sont sa bête noire ; il préfère
perdre ses Etats plutôt que de laisser diviser
les droits de *nuestra santa fe catolica*. On ne
peut donc s'entendre, et les provinces de Hollande et de Zélande proclament leur indépendance.

Don Juan d'Autriche succède à Requesens,
mort à Bruxelles le 5 mars 1576. Un fait nouveau est survenu pendant l'interrègne. Les
réformés de Hollande et de Zélande ont con-
clu une alliance défensive avec les provinces

catholiques de la Flandre (pacification de
Gand). Ce fait il faut le reconnaître et le confirmer, l'Espagne manquant d'argent pour en-
tamer une lutte à fond, et l'insubordination
continuant de désorganiser ses troupes. La
convention prend alors le nom d'*Edit perpétuel*,
et don Juan, à son grand regret, doit faire sortir
l'armée espagnole des Pays-Bas. Philippe
paraît vaincu. « Il faudrait replacer les Pays-
Bas, écrit-il à son frère, dans la situation où
je les ai reçus le jour de mon avènement,
laisser partir les Espagnols, s'efforcer de conserver dans les villes des garnisons allemandes,
subir toutes les concessions nécessaires, en
défendant la réputation autant qu'il se pourra.
Si leurs exigences sont inflexibles, il faudra se
soumettre ; on se résignera à la solution qui
épargnera le plus de ce qu'on essayera de sauver. On promettra l'oubli du passé : je ne tiens
aucun compte de tout ce qui est arrivé (1). »

(1) « J'ai dans les mains moins de cent écus pour subvenir à ma propre nourriture et au service des courriers ;
personne autour de moi ne possède un réal. » Don Juan
au roi, 22 novembre 1576, Correspondance *de Philippe II*,
V, 60 — « Il faut dans une telle crise, sous la pression
de telles nécessités, en passer par d'autres conditions qui
ne se pourraient tolérer en d'autres circonstances ni
avec d'autres ressources. Puisque nous sommes privés

Philippe s'aperçoit enfin que les Flamands sont unis par le désespoir auquel il les pousse et que c'est là, comme il l'écrit à son frère, « la plus grande force qui se puisse voir (1) ». Il faut donc traiter, consentir, coûte que coûte. Mais au moment où le roi d'Espagne, sous la poussée de forces invincibles et peut-être aussi pour réprimer la vaste ambitiou de son frère, se déclare vaincu, un homme, le ferme patriote qui a été l'âme, le cœur et l'esprit de la résistance des Pays-Bas contre l'oppression espagnole, prétend sauver son pays du piège de l'apaisement, et cet homme, c'est Guillaume de Nassau, prince d'Orange. Il sait fort bien que la pacification ne sera pour Philippe qu'une position d'attente. Les dépêches interceptées par ses espions lui ont appris que la modération subite de l'Espagne était peu sincère. Son roi ne renonçait ni à ses desseins ni à la vengeance. « Ne s'entourer que de catholiques ; *dissimuler* sur le passé. » Telles étaient les instructions dernières que Philippe avait données à don

---

de tout ce que vous demandez pour continuer la guerre, il serait téméraire de tenter une entreprise incertaine. » *Ibid.*, V, 155.

(1) *Ibid.*, V, 426.

Juan au moment de son départ. Mieux valait donc continuer la lutte pendant que l'ennemi était faible et désemparé.

A ce moment, la situation du prince d'Orange était forte. Champion des libertés nationales et de l'intégrité de la patrie, il est soutenu par la Flandre catholique ; défenseur des réformés, il est le chef légitime des rudes sectaires du Nord. Don Juan ne s'y trompe pas. « Lui seul, écrit-il à son frère, est le timonnier qui gouverne la barque, et qui peut la perdre ou la sauver (1)... Les gens d'ici sont comme ensorcelés par lui ; ils l'aiment, ils le craignent et veulent l'avoir pour seigneur. Ils l'avertissent de tout et ne décident rien sans le consulter (2). »

Des nobles timorés, comme Berghes et Montigny, ou prêts à se donner, ainsi qu'Egmont et Hornes, n'ayant pas trouvé grâce devant Philippe, on peut juger quelle devait être son abomination pour le chef de l'hérésie, pour l'homme qui, après avoir fait échec à son autorité sous le duc d'Albe, repoussait maintenant ses avances, et prolongeait délibérément une

(1) Correspondance de Guillaume d'Orange, LI à LIII.
(2) Ibid., Préface, p. 63 à 64.

lutte désastreuse pour les intérêts de l'Espagne
et de la foi.

Il y avait longtemps que Philippe était obsédé
par le désir de faire assassiner le prince
d'Orange. Le secrétaire d'Etat Juan de Mendibil mande à la duchesse de Parme, en 1567,
qu'on prépare en Espagne le châtiment
d'Orange, d'Egmont, et consorts (1). Le roi
écrit lui-même à Alexandre Farnèse : «...Jà au
temps du duc d'Alve, sentence fut prononcée
à l'encontre de luy. comme criminieux de lèse-
majesté (2). » Une lettre du 12 février 1573
informe le roi que l'Albanais Nicolo, homme
du duc de Guise, a apporté au duc d'Albe la
tête de Coligny et ajoute que le même spadassin
se propose d'abattre une autre tête. Philippe
écrit en marge : « Je ne comprends pas cela,
parce que je ne sais où a été portée la tête de
l'amiral, ni quelle est cette autre tête, quoiqu'il
paraisse que ce soit celle d'Orange ; certainement, *ils ont montré peu de cœur en ne le tuant
pas*, car ce serait le meilleur remède. » Le secrétaire Çayas, le 15 juillet suivant, écrit à
Albornoz que si les moyens indiqués pour

(1) *Archives farnésiennes*, fascis. 1648.
(2) Lettre du 30 novembre 1599.

expédier le Taciturne, ainsi que son frère Louis
de Nassau, réussissent, « Sa Majesté en aura
une joie et un contentement tout particuliers ».
Le 21 octobre, Çayas insiste encore. Sa Majesté
se réjouit des projets dressés pour supprimer
« l'auteur de tous les maux », mais « elle se ré-
jouirait encore davantage si l'on purgeait la
terre des deux frères. Qu'on mette la main à
l'œuvre !... » Comme le duc d'Albe, don Luis
de Requesens reçoit l'ordre de faire disparaître
les deux frères. Le grand commandeur ne
paraît pas enchanté de la mission. « Je n'ai
aucun espoir, écrit-il à Madrid, de voir réussir
ce qui se projette contre les deux frères. Il n'y a
personne qui le veuille entreprendre. Ceux qui
ont fait des offres sont des bateleurs ou des
soutireurs d'argent, peut-être même des espions
doubles. » Plus tard, Antonio Pere écrit de
Madrid, en parlant du prince d'Orange : « Il
faut l'achever. » Mais don Juan répond, comme
Requesens : « Oui, mais s'il est bon d'y penser,
il faut recourir à des artifices consommés et à
un homme qui se charge ; or, le danger est si
grand, que je n'ai pu trouver cet homme en
le cherchant toujours. » Le grand Alexandre
Farnèse est obligé lui aussi, lorsqu'il a succédé
à son oncle don Juan d'Autriche, de prendre

en mains l'ignoble complot, mais il ne le fait point sans dire son sentiment : « Certaines personnes estiment, écrit-il à Philippe, qu'il pourra sembler une bassesse et indécence à un prince si grand que, aïant contre lui commencé la guerre et employé telles forces, maintenant il en viendrait à un autre remède. » Mais ces arguments ne sont point faits pour troubler l'âme de Philippe. Les règles de la morale ne lui sont pas applicables. En sa qualité de ministre de Dieu, il n'est pas tenu de suivre les voies ordinaires de la justice envers les criminels d'Etat. Il peut leur faire ôter la vie sans crainte, pourvu que ce soit au nom de Dieu. Son confesseur, Fray Diégo de Chaves, l'avait confirmé lui-même dans cette idée (1). Aussi tous les aventuriers qui se présentaient pour accomplir le meurtre étaient-ils l'espérance du moment. Les ambassadeurs de Philippe en recrutent à Paris, à Londres, à Prague, à Lyon.

Jusqu'ici Philippe s'était masqué. « On ne doit point savoir que la chose se fasse par ordre de Sa Majesté, ni qu'elle en ait connaissance, car cela ne conviendrait pas » (2), écrit Çayas au

(1) Antonio Perez, *Œuvres*, p. 71.
(2) Correspondance de *Guillaume le Taciturne*, t. **VI**.

grand commandeur de Castille. Mais lorsqu'il voit avorter toutes les tentatives dissimulées, il résout alors, non sans avoir hésité comme toujours, et s'être fait conseiller, de provoquer ouvertement et publiquement l'assassinat de son audacieux ennemi. Dans sa lettre à Farnèse, du 30 novembre 1579, après l'énumération de ses griefs contre Orange, il ajoute : « ... Il me semble qu'il convient lui faire la guerre par tous moyens que l'on peult imaginer et chascun cognoisse que la guerre est contre lui seul, et à son occasion, pour le rendre odieux comme celui qui est cause de tout le mal et ruyue que souffrent les povres pays comme à la vérité il est, puisque n'accommodant pas les conditions d'accord si clémentes, que je ne veois ce que avec raison se peult désirer davantaige, il calumnie le tout. Il y a donc lieu d'abandonner la personne du prince à chacun, pour impunément oultrager sa personne, occuper les biens que encoires luy appartiennent, au profit particulier de ceulx

Lettre du 21 octobre 1573. La précaution était inutile. On connaissait fort bien les projets de Philippe dans les cours étrangères. Dans une dépêche du 16 mars 1573, Saint-Gouard indique à Charles IX que le roi d'Espagne a des « gens attitrez » pour tuer Orange.

qu'en feront saisissement. » Mêmes peines contre tous ceux qui, six semaines après la publication du ban, ne se seront pas rangés du côté du roi. « Ceci, à mon avis, remarque Philippe, donnerait grande terreur, et mesmes à ceulx quy négocient hors desdicts pays, pour les arrests que plusieurs particuliers, pour leur propre prouffict, en feraient à tous coustels. »

Le roi catholique abolit ainsi pour le Taciturne et ses partisans le droit des gens avec les faibles garanties qu'il comporte en temps de guerre. Il lance contre eux les instincts insociaux de meurtre et de pillage. Mesure révolutionnaire au possible, et très dangereuse dans un pays en grande fermentation d'idées et de conscience, car elle provoquait en quelque sorte l'anarchie des représailles individuelles et faisait rentrer le crime dans l'arène comme gladiateur suprême.

Mais Philippe va plus loin encore.

« Et davantaige, poursuit-il, pour essayer de se faire quicte d'homme si malheureux et pernicieux, jà condampné, et lequel ses œuvres journellement condampnent dadvantaige, si criminieulx et méritent mil morts, et que après tant de moyens procurés pour le réduire de gré ou de force, l'on en est encoires venu au

bout que l'on luy mist taille publiée partout...
de trente mil escns, telle que vous pourrez
adviser, au prouffict de celui quy le livrera vif
ou mort (1). » Le ban publié contre Guillaume
complète l'idée qui est ébauchée ici. L'assassin
recevra, tant en deniers qu'en biens-fonds,
pour lui ou ses hoirs, la somme de 25.000
écus d'or, et s'il a commis antérieurement
quelque forfait, si grave soit-il, en conséquence
même s'il avait tué père et mère, il lui est pardonné ; s'il n'est pas noble, on l'anoblira. Ses
complices, qui recevront aussi « biens et mer-
cedes » et seront absous pour le passé, s'il y a
lieu, et également élevés au rang de gentilshommes. Comme ces mesures sont édictées
au nom de Dieu, le paradis sera sans doute
réservé par surcroît à ces saints criminels !

La morale et la religion effectives de Philippe sont fidèlement dépeintes dans cet édit
outrageant pour la conscience humaine. Il y
avait des précédents sans doute. Charles-Quint
avait publié une proscription analogue contre
le duc de Saxe et le landgrave de Hesse ;
d'autres princes en usaient pareillement envers
leurs ennemis ; au surplus, les mœurs du

(1) Correspondance de Guillaume le Taciturne, VI.

xvi⁰ siècle étaient rudes, et le Taciturne avait
fait subir à Philippe de cruels dommages, mais
au-dessus de tout cela, il y a la conscience
humaine. Un tel acte, comme le dit Montes-
quieu, « renverse également les idées de l'honneur, celles de la morale et de la religion ». En
effet, l'honneur n'autorise pas la trahison, la
morale défend de liguer les passions basses et
criminelles, même contre un ennemi. Enfin les
commandements de Dieu disent : « Homicide
point ne seras. » Et c'est ici la pierre de touche.
Philippe, catholique militant, ministre de Dieu
et ascète mystique, pouvait-il publier l'édit en
question sans parjurer son âme et sa foi ? Il suffit
de considérer la conduite de son adversaire pour
se rendre compte, d'autre part, que, même en son
temps, et sous le simple rapport de la morale
ordinaire, l'acte de Philippe, précédé d'une longue préméditation, apparaît comme monstrueux.

　« Quant à moi, disait Guillaume en 1564, je
suis catholique ; mais je ne puis admettre que
les souverains veuillent commander à l'âme
des hommes et leur ravir sa liberté de la religion et de la foi (1). » Comme réformé calvi-

----

　(1) Groen van Prienstetter, *Archives de la maison* de
Nassau, II, 220.

niste, il demeura fidèle à ce principe de haute sagesse humaine. Lorsque les provinces de Hollande et de Zélande lui confièrent le pouvoir suprême, il accepta de « maintenir, *sans inquisition sur les croyances* individuelles, le culte évangélique réformé, à l'exclusion de tout autre ». A cette époque, le culte était considéré comme un attribut de la souveraineté ; il devait donc être, par rapport à l'Etat, unique comme elle. Mais, du moins, la liberté de conscience était reconnue. Guillaume n'en demandait pas davantage en Flandre où dominaient les catholiques. Il acceptait fort bien que le catholicisme y fût la religion officielle, mais sous bénéfice de la tolérance pour les réformés (1). Or, Philippe voulait la mort de l'hérétique et l'existence unique, exclusive de sa foi ; là est la différence entre les deux hommes. Autant que cela lui fut possible, Guillaume protégea la vie et les biens des catholiques contre le fanatisme des sectaires (2),

---

(1) «... La liberté de religion, depuis 1566 jusqu'à sa mort, il la professa sans varier jamais, comme son premier, peut-être son unique principe... » Vicomte de Meaux, *la Réforme et la politique française en Europe*, I, 179.

(2) Voir, par exemple, les instructions données par le

accordant ainsi ses actes à ses principes. Si le
roi catholique avait agi avec cette haute conscience de la réalité humaine, il n'aurait pas été
dispensé sans doute de faire la guerre aux
réformés des Pays-Bas, car le fanatisme calvi-
niste, quelques grands cœurs mis à part, n'était
ni plus tolérant et humain ni d'une plus
grande envergure d'esprit que tous les fanatismes, mais alors il eût défendu les catholiques et sa souveraineté dans leurs droits légi-
times, au lieu de soulever les catholiques
mêmes contre ses violences politiques et morales.

L'édit de Philippe devait forcément éveiller
soit la convoitise de quelque bandit audacieux,
soit l'idée fixe du crime dans la conscience
obturée d'un fanatique ou d'un simple d'esprit.
Le biscaïen Jaurégui, pauvre commis d'un
financier espagnol aux abois, se laisse per-
snader par son maître que le salut de son âme,
la satisfaction du roi et la gloire de Dieu dé-
pendent de l'accomplissement par lui de la
sentence de mort portée contre le prince
d'Orange. Il se confesse, il part et réussit

Taciturne, à Dillembourg, le 20 juin 1572, et l'ordonnance
rendue au camp de Ruremonde, le 23 août de la même
année, dans Juste, *Soulèvement des Pays-Bas.*

presque. Le Taciturne reçoit un coup de feu
en pleine figure. Guéri de sa blessure, il reste
le but d'assassins de tout acabit, dont quelques-uns se firent pendre ou trancher la
tête.

Deux ans après l'attentat de Jaurégui, le
9 juillet 1584, le vœu de Philippe était exaucé.
Balthasar Gérard, un clerc franc-comtois, tuait
le prince d'Orange au sortir de table, alors
qu'il s'apprêtait à recevoir une requête que le
jeune homme lui tendait.

L'assassin était tel que pouvait le souhaiter
le roi d'Espagne : fanatique, hanté d'idées fixes,
et doucement implacable. Dans la confession
qu'il écrivit avant de mourir, Balthasar Gérard avoue que le dessein de tuer le prince
d'Orange est né dans son esprit au moment où
celui-ci rompit la pacification de Gand « pour
austant qu'il me semblait que, tant qu'il vivrait,
il demeurerait rebelle contre le roi catholique,
notre père, et ferait tous ses efforts par toutes
voies illicites de troubler l'estat de l'Eglise
catholique et apostolique, dicte romaine... »
L'idée du crime l'obsédait : « Et qu'il soit vray
que j'aye heu ladicte intention, je le démonstra
étant à Dôle, en la maison de Jehan Villaux,
y a environ six ans, parce que tenant en main

une dague évaginée (1), je la planta de toute ma force contre une porte, et disant que je vouldrois que le coup-là fust esté donné dans le cœur du prince d'Orange. » Un ami l'ayant blâmé et sagement conseillé, son obsession s'apaisa quelque peu. Mais après l'édit du roi, elle devint irrésistible. Il s'achemina « par deça, à intention d'effectuer réalement ladicte sentence et ce au mois de febvrier 1582. » Ce n'est ni l'esprit de lucre ni un vain désir de gloriole qui le font agir. Il va accomplir un devoir sacré. « Je fus fort aise, déclare-t-il en faisant allusion à l'attentat de Jaurégui, pour estre (comme je l'estimois) la justice faicte, que pour avoir excuse de me mettre en danger. »

Balthasar Gérard dut subir à son tour le martyre. Il fut abominable. Les sectaires évangéliques le frappèrent, l'écorchèrent vif, le tenaillèrent, le lardèrent de coups d'épingles sous les ongles, dans les yeux. On lui rôtit les pieds ; on réduisit l'une de ses mains dans un gaufrier rougi à blanc ; on l'éventra enfin. Lorsque tous les supplices que l'imagination pouvait suggérer furent épuisés, les bourreaux

(1) Sortie de sa gaine.

firent enfin au malheureux la charité de la mort, en l'écartelant.

Pendant ces horribles tortures, Balthasar Gérard garde une constance extraordinaire. L'âme est si violemment ramassée sur elle-même qu'elle a insensibilisé le corps. Lorsqu'on ouvre le gaufrier qui lui a calciné la main, Gérard lève son moignon fumant devant la foule, esquissant des signes de croix et s'enveloppant de son courage inébranlable et résigné...

XII

Le règne de Philippe II est long ; cependant les péripéties nombreuses qui marquent sa durée et les revirements divers qui en résultent, n'empêchent pas d'en saisir la ligne générale et le centre d'action.

Ce n'est ni la logique effective des événements ni la fatalité des causes extérieures qui déterminent la politique de ce roi, si l'on entend par politique générale l'orientation d'ensemble des tendances diverses d'un gouvernement. La politique générale d'un Richelieu, d'un Napoléon, d'un Bismarck, penchait nettement et fortement vers son but. Pour l'atteindre, elle tranchait les obstacles et franchissait violemment les difficultés. Celle de Louis XI ou de Ferdinand le Catholique, au contraire, s'affirme indirecte, récurrente, pleine de préparations et de détours, souterraine de préférence, tragiquement soudaine enfin, comme un mauvais coup. Par ce droit chemin ou par ces chemins détournés, de tels hommes marchaient avec une même boussole. Il ne s'agissait pas pour eux d'implanter leurs sentiments personnels dans l'humanité, mais de réaliser l'idée de leur temps et de leur peuple en vue de l'avenir. Ils étaient, chacun à leur manière, des positifs et des réalistes. Par ses moyens cauteleux et félins, Philippe ressemble à son aïeul Ferdinand et à Louis XI. Mais, dans le principe, il diffère profondément d'eux, comme des autres.

L'objet principal des préoccupations qui dominent son esprit, c'est la foi, sa foi et son autorité. Par l'autorité et pour l'autorité, sa foi devenait oppressive ; par sa foi et pour elle aussi, l'autorité tournait au fanatisme. La tyrannie est donc le ressort principal de la politique de ce roi. Dans ses manifestations extérieures, la foi de Philippe II se confond avec le catholicisme ; intérieurement, nous l'avons observé, elle est un mysticisme pur. Mais lorsque cette foi devient politique, elle n'est catholique, comme nous le verrons en étudiant sa politique religieuse, qu'autant que le catholicisme coïncide avec ses intérêts. D'ailleurs, lorsqu'il stipule pour son autorité et la religion, le deuxième

terme est ajouté par surcroît et comme par habitude machinale. Son autorité comprend tout,
le profane et le sacré. Il n'a de but que par
rapport à sa conscience. Il ne sert que l'idée de
son sentiment personnel. Nous apercevons très
bien, nous, observateurs extérieurs, lorsque le
dévot porte préjudice au roi, ou inversement,
mais lui ne voyait pas les choses par le dehors;
c'est en son âme qu'elles avaient leur signification véritable, et l'âme unifie toutes les catégories distinctes en cette entité primitive qui
est le sentiment métaphysique de soi. La
tyrannie de Philippe était bien une tyrannie
d'Etat, mais l'Etat, c'était lui, et lui se trouvait
tout entier enseveli dans son âme de roi et
d'ascète. Par là, sa politique générale est surtout subjective et passionnelle.

Philippe était incapable de discerner la loi
des intérêts en cause, matériels ou moraux,
aussi bien que de se subordonner aux idées
collectives de son époque. Il ne tenait vraiment compte des faits que lorsqu'il fallait en
subir, bon gré mal gré, les conséquences. Et
même alors, il se livrait à mille circonvolutions
savantes pour reprendre la démarche propre
qui devait l'enfoncer davantage en ses erreurs
funestes. Le grand drame des Pays-Bas, dont

il est le promoteur, montre bien son incompréhension des nécessités extérieures et la fatalité de sa passion gouvernementale.

Selon certains historiens, Charles-Quint faisait passer ses intérêts politiques avant ceux du catholicisme, tandis que Philippe sacrifiait le sang et la fortune de ses peuples à la défense de la foi. Cela n'est certainement pas exact, car la religion, considérée objectivement et comme douée d'intérêts propres, n'a été, entre les mains de Philippe, que l'instrument de sa politique. Ce qui paraît vrai, c'est que sa politique était dominée par son fanatisme personnel, beaucoup plus que par toute autre considération. « Je préférerai perdre ma couronne, répète-t-il souvent, plutôt que de régner sur des hérétiques. » C'est sa profession de foi, et il y demeura fidèle. Pour lui, les hérétiques, ce n'étaient pas seulement les luthériens et calvinistes, mais, avant tout et surtout, les hommes qui prenaient des positions divergentes par rapport à lui, fussent-ils des saints, des archevêques, voire des papes. Pour le fanatique, l'hérésie commence partout ou naît la dissidence et l'opposition. Les haines politiques de Robespierre résultaient des impressions répulsives de son âme incompatible ; celles de Philippe n'avaient pas d'autres sources.

Politique dévot ou dévot politique, l'un et l'autre
étaient également aveugles dans leurs préven-
tions. Ils ne voyaient des autres que ce qui se
rapportait à eux. La justification de leur conduite ne se trouvait que dans leur conscience
sursaturée de leur moi subliminal, comme
disent les psychologues.

Etant essentiellement subjective et métaphysique, la politique générale de Philippe II
est une politique passionnelle, absolue, servie
par un caractère incertain et timide. Ce contraste
en explique les vicissitudes. Sa ligne générale
est une courbe tortillée, entortillée, mais qui
progresse néanmoins en ses circonvolutions
hésitantes vers les solutions extrêmes et implacables. Philippe a toujours son idée de derrière
la tête. Mais il hésite, il tâte, il a recours à ses
conseils, et son naturel lent muse volontiers
entre le pour et le contre. En définitive, cependant, ce sont les indications rigoureuses, celles
qui correspondent le mieux à ses intentions
inflexibles, qu'il écoute. Ce n'est pas l'avis sage,
clément et humain de Mondéjar qui prévaut
au sujet des Maures de Grenade. Philippe préfère suivre les incitations iniques de Déza. Ce
ne sont point non plus les idées pacifiques et
modérées du prince d'Eboli qu'il adopte relati-

vement aux affaires des Pays-Bas, mais celles
du duc d'Albe, froidement et durement tyran-
niques. Il ne voulut jamais voir tout le mal
que l'inquisition faisait à l'Espagne. Les sentiments de son cœur n'étant relatifs qu'à lui-
même, ses déterminations restaient inexorables,
sans tressaillements de pitié, par rapport aux
autres. Il demeura toujours impassible à l'égard
des victimes qui tombaient justement ou injustement sous le fléau de sa justice.

Le fanatisme personnel de Philippe II le
porte naturellement à une politique constante
de rigueur, de haine, de vengeance. Mais là
n'est point la caractéristique supérieure de
cette politique. Pour un homme inféodé comme
lui à sa personnalité psychique et royale, le
but suprême, c'est de dominer, d'imposer son
âme et sa volonté au monde. C'est pour réaliser
ce dessein impossible qu'il est cruel de sang-
froid et qu'il subordonne ou sacrifie les intérêts
distincts et multiples de ses Etats, comme de
la chrétienté, à son intérêt unique.

Extérieurement, et à ce point de vue principal, la politique générale de Philippe II traverse deux phases différentes. Elle est d'abord
interne, conservatrice, limitée à l'Espagne et à
ses dépendances. Elle se manifeste ensuite par

des interventions extérieures fréquentes et se traduit par un désir de conquêtes réelles et d'hégémonie sur les autres Etats. Dans la première période, il cherche, comme le montreront nos études sur la politique intérieure et religieuse, à établir fortement son autorité, à la substituer en tout et pour tout aux pouvoirs locaux, aux franchises des provinces, aux privilèges de l'Eglise. L'examen que nous ferons de sa politique étrangère montrera sans peine qu'elle obéit aux mêmes principes de possession et de domination.

En résumé, la politique générale de Philippe II tendait à établir son règne absolu sur les choses, les âmes et les peuples, et cette politique porte en elle-même la marque du caractère même du roi : lenteur, intrigue, hypocrisie et dureté.

XIII

LA POLITIQUE INTÉRIEURE.

Sans ses passions, Philippe eût été surtout un roi administrateur, entièrement voué au traitement des affaires courantes. Ses qualités moyennes correspondaient exactement à un tel rôle. Il avait l'esprit avisé, quoique lent et indécis, une sagacité prudente et un zèle laborieux. Il ne possédait point ce coup d'œil sûr des grands hommes d'Etat qui saisit immédiatement une question dans toute son étendue et sa complexité et aperçoit immédiatement la solution adéquate. C'était plutôt un homme de détail, qui accordait autant de réflexion aux petites choses qu'aux grandes.

Lorsqu'il travaillait sous l'empire seul de cette personnalité laborieuse, paperassière et tranquille, ses soins et ses initiatives étaient, en général, dignes d'éloges. Il se renseignait exactement sur toutes choses. Pour bien connaître son royaume, il avait ordonné une vaste enquête visant la population, la situation économique des communes et des provinces. Un questionnaire comportant 59 rubriques avait été adressé à toutes les autorités compétentes. C'est l'un des premiers essais de statistique sérieuse. Il reste encore aux archives de Simancas une quinzaine de volumes de ces « relations topographiques » dont les résultats restèrent incomplets par suite de la négligence des autorités. Il fit également refondre et codifier toutes les lois du royaume (*nueva recopilacion*). Ses efforts tendaient à centraliser l'administration du pays et à la régulariser. Assainir la justice, donner un fonctionnement régulier aux tribunaux, assurer l'intégrité des juges, tels étaient ses désirs. Philippe réorganisa aussi la comptabilité publique, mit de l'ordre dans le recouvrement de l'impôt, ainsi que dans les différentes gestions financières. La politique administrative de Philippe tend, en définitive, à faire converger vers l'intérêt de l'Etat l'action de tous les organes subordonnés. Ennemi de tout ce qui est divergent ou autonome, il veut établir la discipline et la subordination de bas en haut.

Malheureusement, l'action du roi absolu

fausse cette sagesse. Il enlève aux officiers civils, aux gouverneurs, toute initiative. Privées de leurs franchises, les municipalités et les provinces tombaient dans l'abattement. A une sujétion trop étroite correspondaient de plus en plus la routine passive, la négligence et l'incurie. Il restreignit aussi tant qu'il le put les pouvoirs des Cortês. Il faussait la formation de ces assemblées en les peuplant arbitrairement de ses créatures. Le seul rôle qu'il leur reconnaissait véritablement, c'était de voter des subsides. Sur la fin de son règne, les libertés publiques sont à peu près étouffées et la domination du pouvoir central paralyse gravement la nation (1).

La sage administration de Philippe était encore rendue à peu près inutile par les méfaits de sa haute politique, qui était celle d'un roi absolu, surtout en Castille, pays placé sous sa souveraineté directe : « Il gouverne ce royaume, dit Morosini, avec une verge de fer (2). » Son

---

(1) Même dans la petite et éloignée Franche-Comté, l'action de Philippe se fit sentir par l'affaiblissement de l'originalité et de l'indépendance locales. Voir Lucien Febvre. *Philippe II et la Franche-Comté.*

(2) « Governa il re questi popoli di Castiglia con virga ferrea. »

premier soin avait été d'écarter les grands
d'Espagne de l'Etat. Il les avait réduits, selon
l'expression de l'*Art de gouverner* (1), au rôle
de statue ou de fantôme.

Les faveurs de Philippe n'allèrent jamais aux
personnalités vraiment fortes et originales.
Eteigneur d'hommes, il annulait tout ce qui
semblait prendre une valeur propre. Les
grands, comme les petits, étaient littéralement
soumis à son autorité, et il les châtiait sans
distinction. En général, il connaissait individuellement les fonctionnaires appelés à le
servir. Il attribuait les emplois aux plus dignes,
pourvu qu'ils ne fussent point doués d'une
personnalité trop éminente. Il lui fallait le
silence, l'obéissance, l'asservissement. Le cardinal de Séville lui ayant fait savoir que les
fidèles exprimaient au confessionnal du mécontentement contre leur roi, il répondit :
« Puisque les langues sont libres, il est bon que
les mains soient liées. » Lier les mains ne lui
suffisait pas, il fallait aussi interdire les
paroles. Ses innombrables espions, ceux de

---

(1) Cet ouvrage remarquable est attribué à Antonio
Perez. Il semble qu'il ait été écrit plutôt par Tomas
Alamos de Barientos, le traducteur de Tacite. (Voir Guar-
dia, *l'Art de gouverner*.)

l'inquisition, les délateurs récompensés sur les biens de leurs victimes, s'employaient à la surveillance des propos, des intentions et des consciences. Sous le régime disciplinaire de Philippe, l'homme n'était même pas libre en son for intérieur, car ce roi voulait asservir non seulement les volontés, mais encore les âmes. L'Inquisition, dont nous parlerons bientôt, est un tribunal politique, mais la politique sous le roi catholique étendait ses tentacules jusqu'aux consciences. C'était une tyrannie complète, saisissant l'homme, et dans son individualité civique, et dans sa personnalité morale, et dans son originalité spirituelle. Régime anti-humain, autant qu'anti-social.

Le lit de Procuste pourrait être le symbole de cette politique.

Tout individu qui variait par rapport au type orthodoxe devait être réduit à la mesure ordinaire ou supprimé. Le même principe régit la conduite de Philippe par rapport aux collectivités qui faisaient tache d'une façon quelconque dans l'uniformité espagnole, rêvée par lui. Nous avons vu comment il émonda l'Aragon de ses franchises particulières. L'extermination des Maures de Grenade est un exemple plus typique encore de cette politique unitaire.

Les débris de la race qui avait conquis une partie de l'Espagne s'étaient implantés, après la Reconquista, sur divers points de la péninsule, en Andalousie, dans le royaume de Valence et particulièrement dans celui de Grenade. Dépouillée de tous droits politiques, asservie, vaincue, cette race vivace prospérait néanmoins et développait sa riche civilisation qui faisait, avec celle de l'Espagne, un singulier contraste. Dans la science, l'art, l'industrie et le travail, les Maures étaient infiniment supérieurs aux Espagnols. Partout où se trouvaient des Maures, la terre devenait fertile et riante ; les ouvrages utiles, barrages, canaux, édifices publics, s'élevaient autour d'eux. C'étaient des artisans incomparables. Aussi les Maures avaient-ils de la vie une conception autrement riche et féconde que celle des Espagnols. Leurs maisons étaient peuplées d'enfants, abondantes en toutes choses, et animées par une existence douce et gaie. Tandis que leurs maîtres vivaient dans la saleté et la routine, les Maures pratiquaient l'hygiène, prenaient des bains chauds, nettoyaient leurs rues et leurs maisons.

Les Maurisques du royaume de Grenade, dit un historien espagnol, étaient un peuple honnête, travailleur et loyal (1). Un canoniste espagnol, Pedraza, les apprécie ainsi : « Ils tenaient bonnes œuvres morales, beaucoup de vérité dans leurs traités et contrats, grande charité envers leurs pauvres ; peu oisifs, tous travailleurs (2). » Mais il ajoute encore : « Ils étaient chrétiens apparents et Mores véritablement (3 . » Ce que le docteur grenadin écrivait au temps de Charles-Quint, restait vrai sous Philippe II. C'était toujours le même peuple actif, prolifique, industrieux et infiniment policé. Baptisés avec une branche d'hysope et contraints d'assister officiellement aux cérémonies cultuelles de leurs maîtres, les Maures redevenaient musulmans chez eux. Outre les haines de race que huit siècles de lutte avaient fait naître entre Espagnols et Arabes, et l'animosité toujours latente

(1) Rafael Altamira y Crevea, III, 76.

(2) « Tenian buenos obras morales, mucha verdad en tratos y contratos, gran caridad con sus pobres ; pocos ociosos, todo trabajadores. »

(3) « Eran cristianos aparentes y moros verdadero. » Francisco Bermudez de Pedraza, *Historia ecclesiastica, principios y progressos de la ciutad y religion catolica* de Granada. LXXXII.

que les aborigènes éprouvent envers les étrangers impatronisés chez eux, la résistance
religieuse des mudejares (1) et la persistance
de leurs caractères nationaux ne pouvaient
qu'exciter contre eux les mauvais desseins des
fanatiques espagnols, pour qui religion et
patriotisme ne faisaient qu'un. Et ces fanatiques avaient un roi pour les entendre, les
comprendre et les satisfaire. Que deman-
daient-ils ? Que la force fît ce que le prosélytisme était incapable d'accomplir.

Selon son habitude, Philippe II oscilla
longtemps avant de prendre une décision.
Enfin, le 17 novembre 1566, il donna satisfaction aux gens de robe et d'Eglise, et en particulier à Guerrero, le triste archevêque de
Grenade ; à Diégo Deza, auditeur du Saint-
Office, et au cardinal-ministre Espinoza. Le roi
catholique, s'inspirant de la pragmatique de
Charles-Quint, défendait aux musulmans
l'usage de la langue arabe en public ou chez
eux ; il leur laissait trois ans de répit ; après
quoi, ils ne pourraient parler et écrire qu'en
castillan. Il leur était enjoint de substituer

---

(1) « Bautizavan por cumplimiento los hijos, y des-
pues en casa les lavaban con agua caliente la crisma y
olio santo. » Pedraza. — Ouvr. cit.

des noms espagnols à leurs noms arabes, de quitter leurs costumes nationaux et de s'habiller comme leurs vainqueurs. Leurs femmes devaient se montrer en public la figure découverte. On les obligeait aussi à se marier comme les chrétiens et à laisser leurs maisons grandes ouvertes le jour de la cérémonie, afin que chacun y pût entrer pour se rendre compte si les rites proscrits n'étaient pas suivis en secret. Interdiction aussi des bains, des danses et des chants nationaux, enfin de tout ce qui constituait la vie intérieure et extérieure des musulmans, qu'on appelait alors les nouveaux chrétiens.

On ne saurait imaginer un acte de législation plus inique et plus absurde. Comment pouvait-on espérer déporter tout d'un coup, par un simple acte d'autorité, tout un peuple hors de sa nationalité, de ses mœurs héréditaires et de son âme ? Comment des gens sensés pouvaient-ils prescrire à une population isolée dans les montagnes des Alpujarras ou dans leur quartier spécial à Grenade d'apprendre une langue sans affinité avec la leur ? Pour que cette ordonnance prenne un sens, il faut que ceux qui l'ont conçue aient véritablement eu l'intention de pousser les Maures à bout pour

les exterminer par représailles et les expulser
définitivement de la péninsule (1). Lorsque
Charles-Quint, en 1525, ordonna aux Maures
de se faire baptiser ou de quitter l'Espagne,
ceux-ci, indéfectiblement attachés à leur
religion comme à leurs mœurs et coutumes,
préfèrent l'exil. L'exode était préparé. On
s'aperçut alors que les Maures constituaient
les principaux facteurs de la richesse indus-
trielle et agricole de l'Espagne, et on les
empêcha de partir. Par l'acte de 1528,
les Maures étaient affranchis de l'inquisition
pour une durée de quarante ans. Une pragmatique de Charles-Quint de 1526 interdisait
aux Morisques du royaume de Grenade
de porter leur costume national, de vivre
selon leurs mœurs particulières et même de
parler la langue arabe. Cet édit avait été
motivé par les réclamations des fanatiques
exaspérés par la fidélité que les musulmans
gardaient à la religion du Prophète. L'empereur était un politique trop avisé pour ne pas
se rendre compte de la monstruosité et de l'im-
possibilité de son édit. Aussi les Maures purent-

(1) Marmol dit : « Verdaderamente fué cosa determi-
nada de arriba para desarraigar de aquella tierra la
nacion morisca. »

ils en éviter l'application par le paiement d'une somme de 80.000 ducats d'or. Pour bien établir la situation des descendants des Sarrasins vis-à-vis de l'Espagne, il est nécessaire d'indiquer que lors de la chute de Grenade, la dernière forteresse arabe sur la péninsule (2 janvier 1492), Ferdinand et Isabelle avaient signé une capitulation accordant aux Maures la liberté de pratiquer leur culte et stipulant même qu'aucune menace ni tentative de séduction ne devraient être faites pour les attirer au christianisme (1).

Certains historiens innocentent Philippe de cet acte monstrueux en le faisant retomber sur des subalternes. En cela, ils sont d'accord avec le roi catholique lui-même. Il répond à l'envoyé des Morisques : « Ce que j'ai fait à ce sujet, je l'ai fait d'après l'avis de conseillers sages et consciencieux, *qui ont pensé que c'était mon devoir d'agir ainsi* (2) ». Son ministre Diégo de Espinoza couvre également le roi sur cette affaire, comme le duc d'Albe le fera un peu plus

---

(1) « Que ningun Moro ni Moro serán apremiados à ser Christianos contra su voluntad. » D'après le texte publié par Marmol.

(2) « .. Y le decian que estaba obligado a hacer lo que hacia. » Marmol, 175.

tard en ce qui concerne la répression, aux Pays-Bas.

Nous reconnaissons ici la démarche constante de Philippe II. Dans tous les cas graves, il fait endosser sa décision au préalable, soit par son confesseur, soit par son conseil de conscience, par ses agents d'exécution ou la junte qu'il a consultée. Il suffirait sans doute de dire qu'il a signé, et avec empressement, l'ordonnance de 1566, pour établir sa responsabilité. Mais nous qui voyons en cela un acte authentique de sa conscience, nous devons prouver plus. Il faut montrer que la solution qui lui est suggérée est bien sa solution préférée, celle qui répond le mieux à son désir.

Lorsqu'il nomme la commission qui va lui conseiller la mise en vigueur de l'édit de 1526, Philippe connaît fort bien quels sont les sentiments d'Espinoza et de Deza qui doivent la dominer. Il y a en ce moment, à Madrid, l'homme assurément le mieux informé des affaires de Grenade, le marquis de Mondejar, capitaine général héréditaire de la province, lequel connaissait non seulement la situation exacte de Grenade, mais aussi l'âme du peuple maure. Pourquoi est-il écarté ? Parce qu'il est notoirement opposé à la persécution, pour des raisons d'humanité et de prudence politique. Le duc d'Albe lui-même, dont la dureté est connue. le commandeur d'Alcantara, don Luis de Avila, déconseillent la mesure de rigueur qui se trame. Don Juan Henriquez, un noble espagnol du plus haut rang, propriétaire dans le royaume de Grenade, vient lui-même défendre auprès du roi la cause des malheureux maurisques. Les uns et les autres trouvent le roi fermé à toute concession. Selon l'expression originale de Cabrera, ce sont les *bonnets* qu'il écoute et non les *casques* (1). Après avoir consulté Espinoza, Deza, Guerrero et les commissaires dominés par eux, à qui Philippe s'adresse-t-il encore ? A Otadin, professeur de théologie à Alcala, qui lui répond : « Des ennemis, le moins (2). » L'historien Ferreras indique que Philippe goûta beaucoup cette maxime draconienne de son conseiller spirituel (3). D'après Mendoza, Philippe II désirait que le marquis de Mondejar se déterminât à plus de rigueur contre les Maures, pour la vengeance de leurs offenses divines et humaines, pour leur rébel-

(1) Cabrera, VII, XXI.
(2) De Circourt, II, 278.
(3) *Hist. d'Espagne*, IX, 525.

lion, pour l'exemple des autres peuples (1). Là
devait être le véritable sentiment du roi malgré
ses hésitations. S'il n'en était pas ainsi, il eût
certainement choisi la détermination suggérée
par Mondejar, le duc d'Albe, Avila et Henriquez, détermination qui lui évitait de se mettre
une affaire terrible sur les bras, au moment où il
avait besoin de tonte sa liberté d'action pour
régler la question des Pays-Bas, devenue in-
quiétante à cette époque.

Les Maures pensèrent un moment que Philippe, comme son père, avait rendu la cruelle
ordonnance pour leur soutirer de l'argent.
Quand ils virent qu'ils s'étaient trompés et
qu'il s'agissait d'une mesure réelle, ce fut la
révolte, la sanglante révolte des montagnards
maures des Alpujarras, au cours de laquelle
tant d'atrocités furent commises par les chrétiens aussi bien que par les musulmans. Après
avoir coûté tant de sang, de larmes et de richesses, la mesure de Philippe II n'eut d'autre
effet que la destruction d'un peuple florissant et

---

(1) « Deciase tambien que en esta empresa el Rei de-
seava ver el animo del marques de Mondejar inclinado à
mayores demonstraciones de rigor, por la venganza del
desacato divino i humano, por la rebelion, por el egemplo
de otros pueblos » Mendoza, 116.

inoffensif, mais rendu furieux par l'injustice.
Les Maures grenadins qui subsistaient furent
dépouillés, puis enchaînés et conduits sur les
chemins, moitié nus, affamés, roués de coups
et vendus sur les marchés comme du bétail (1).
Enfin, les derniers combattants de ce peuple
furent massacrés dans la citadelle de Galera.
Les fanatiques qui prêchaient publiquement
contre la démence de Sa Majesté (2), durent enfin
être satisfaits. Philippe eut-il quelque regret de
tout ce carnage ? Toujours est-il qu'après l'horrible victoire de Galera où le magnanime don
Juan se montra si sanguinaire, Philippe déclara, d'après Marmol, qu'il préférait la gloire

---

(1) Le départ de ces malheureux est dépeint d'une manière saisissante par Marmol, qui fut un témoin oculaire
(II : 102).

« Fue un miserable espectaculo, ver tantos hombres
« de todos edades, las cabezas baxas, las manos cruzadas
« y los rostros banados de lagrimas, con semblante do-
« lorose y triste, viendo que dexaban sus regaladas ca-
« sas, sus familias, su patria, y tanto bien como teuian,
« y aun no sabian cierto lo que se haria de sus cabezas. »
Mendoza (p 148) indique que : « Muchos murieron por los
« caminos de trabajo. de cansancio, de pesar, de ham-
« bre, a hierro por mano de los mismos que los havian de
« guardar, robados, vendidos por cautivos. »

(2) Lettre de don Juan d'Autriche à Philippe II, du
7 juin 1570, citée par Prescott.

de la concorde et de la paix, à celle de la
victoire sanglante (1). Il est fâcheux que ce
sentiment lui soit venu lorsque tout était con-
sommé. C'est en 1566, et non en 1570, qu'il
eût été noble de l'éprouver et sage d'y obéir.

Philippe II, homme de bureau, aimait peu
les triomphes militaires, tout en recherchant
leurs bénéfices. Quant à sa clémence politique,
elle n'est réelle que lorsqu'elle est imposée par les
circonstances. Autrement, il se montre toujours
tenace dans la vengeance. On lit dans les instructions données à la duchesse de Parme :
« Sa Majesté... recommande que l'on cherche
de nouveaux moyens pour punir les hérétiques,
non pas qu'elle entende qu'on cesse de les
mettre à mort, cette pensée est bien éloignée
de ses intentions, et elle ne croit pas qu'une
telle indulgence fût agréable à la divinité ni
utile à la religion, mais elle veut qu'on leur ôte
l'espèce de gloire qui parait attachée à leur supplice, et pour laquelle ils affrontent la mort avec
un fanatisme impie. » Voilà le vrai Philippe ;
il veut la mort sourde, clandestine ou ignominieuse.

_____

(1) « Que deseaba mas gloria de la concordia y paz,
que de la vitoria sangrienta. »

La politique intérieure de Philippe II se caractérise encore par la méfiance. Ce roi est essentiellement policier. Tous les personnages marquants étaient observés par des espions et les doubles mailles de la police royale et de celle de l'Inquisition enveloppaient l'Espagne tout entière d'une suspicion toujours en éveil. Sa politique gouvernementale consistait à tenir constamment deux partis en faveur auprès de lui, soit pour entendre les avis contraires, soit pour que l'un contrebalançât l'autre lorsqu'il devenait trop fort, soit pour les faire espionner l'un par l'autre. Il avait, d'ailleurs, dans tous les conseils des hommes de confiance qui le renseignaient exactement.

La politique stérile de Philippe était très onéreuse. Il avait ouvert le gouffre sans fond des dépenses improductives. Les millions coulaient aux Pays-Bas pour une œuvre de mort. L'océan ensevelissait les *Invencible Armada*. Le *catholicon d'Espagne*, comme dit la *Satire Ménippée*, était répandu à pleines mains pour soudoyer des ennemis, acheter les consciences et soutenir des causes chimériques. Un trésor toujours en détresse, des peuples écrasés d'impôts, le roi lui-même souvent aux abois, des expédients financiers de toutes sortes, telle est la situation générale du règne.

A la détresse financière chronique s'ajoutait une misère générale qui rendait la nation de plus en plus débile, la politique économique de Philippe, mesquine, tracassière, qui s'occupait beaucoup plus du relèvement des taxes que de celui de la production et du commerce. L'agriculture et l'industrie, si florissants au temps d'Isabelle, arrivent au dernier degré de la décadence sous Philippe II. On n'exploite plus les mines ; les grandes spécialités de la production nationale disparaissent. Les métiers d'étoffes de soie si nombreux auparavant à Grenade et à Tolède chôment en partie. En 1665, la paroisse de San-Miguel de Tolède voit ses 698 bonnetiers d'autrefois réduits à 10. La teinture de la laine tombe de 465.000 kilos a 6.000 en 1592. Il est constaté vers 1665 que l'industrie des gants est ruinée. Il en était de même de celle des métaux, des cuirs et des chaussures. On commence à désapprendre la fabrication du verre et des cristaux et à abandonner celle du papier, des chapeaux et des objets de mercerie. C'est vraiment sous le règne de Philippe que l'image d'une Espagne misérable, couvrant sa gloire d'oripeaux, commence à paraître.

On dira qu'il est injuste de faire supporter à

Philippe les torts de son siècle. Nullement. Dans tous les siècles la possibilité du bien et du mal existe, et chaque conscience a le choix. Henri IV est le contemporain de Philippe, et son siècle ne l'empêcha point d'ensemencer la richesse et la vie, alors que son rival d'Espagne répandait la misère et la mort par sa politique passionnelle. Si Philippe avait été un bon pasteur de peuples, au lieu de consacrer ses plus grands efforts à réagir à l'excès contre certaines tendances morales et religieuses, il eût peuplé son troupeau en le conduisant aux œuvres fertiles...

Avec lui, ce n'est pas un Sully qui peut devenir le personnage dominant, mais le grand inquisiteur.

XIV

Philippe II personnifie l'Inquisition d'Espagne et porte la responsabilité de la période la plus sinistre de cette diabolique institution qu'il avait reçue toute formée de ses devanciers. Un bref de Grégoire IX (1236) introduit la juridiction du Saint-Office en Espagne. Les deux premiers grands inquisiteurs de l'époque moderne furent investis de leurs fonctions en 1480. On sait que sous Torquemada (1485-1498) la persécution contre les judaïsants et les sarrasins devint horrible. Isabelle s'était d'abord opposée au rétablissement de l'Inquisition dans son royaume. Ferdinand eut à lui faire comprendre l'intérêt politique de cette mesure. Elle accepta enfin ; cependant l'application de la bulle de Sixte IV, autorisant l'établissement de l'Inquisition, dut être suspendue momentanément en

Castille. Sixte IV lui-même, lorsqu'il constate les effets que Ferdinand d'Aragon fait
produire à sa bulle, menace de déposer les inquisiteurs, qui condamnent les innocents.
Après lui, Jules II, Léon X, Paul III et Pie IV
cherchent à refréner cette juridiction, objet de
leurs plaintes incessantes, soit contre ses
excès, soit contre son extension hors du domaine de la foi. Comme l'a remarqué Ranke,
l'Inquisition dominicaine était surtout et avant
tout un tribunal royal disposant d'armes spirituelles. Lorsque le grand inquisiteur Ximénès, archevêque de Tolède, crut devoir protester contre l'intrusion de laïques dans le tribunal de la foi, Ferdinand lui répondit : « Ne
savez-vous pas que si ce conseil a une juridiction, c'est du roi qu'il la tient (1) ? » Cette
réponse indique nettement la situation du Saint-
Office en Espagne. Il dépend du pouvoir royal.
Il sert merveilleusement son arbitraire. Dans
tous les cas, sous prétexte d'hérésie, il peut se
substituer aux tribunaux ordinaires et invoquer toutes sortes de délits en dehors des lois
divines et humaines, ordinairement respectées.
Il satisfait aussi ses convoitises par la spolia-

(1) Hefele, *le Cardinal Ximénès*, 296.

tion des biens de ses victimes. Mieux encore, il assure la domination du roi sur l'Eglise elle-même, puisque ses pasteurs peuvent être saisis et perdus par elle.

C'est Philippe II surtout qui a fait de l'Inquisitiou une sorte de tribunal général, chargé d'assurer sa domination temporelle et spirituelle. Autrefois, le tribunal de la foi jugeait les malheureux judaïsants et mudéjares. Maintenant, ce sont les Espagnols de tout rang, les simples d'esprit, comme les esprits forts, les riches et les pauvres, les laïques et les religieux, qui subissent son emprise. Sous Philippe II, l'Inquisition réalise pleinement son œuvre. Il la réorganise et la fait fonctionner durant quarante-deux ans, comme une administration régulière et permanente. En l'adaptant pleinement à son fanatisme politico-religieux, il réalise par elle la juridiction parfaite de la persécution et de l'intolérance.

Il fait codifier tous les règlements épars la concernant. Par son ordonnance du 25 février 1557, il ordonne que le quart des biens de l'accusé, s'il est condamné, sera la récompense du délateur. Enfin une autre ordonnance du 7 septembre de la même année portait peine de mort contre les vendeurs, acheteurs ou même lecteurs de livres défendus. Philippe rendit les tribunaux du Saint-Office redoutables à tous. Personne n'était à l'abri de leurs coups. Ses limiers pouvaient happer leurs victimes jusqu'au pied du trône et même sur les marches des autels sacrés. Lors de l'auto da fé de Valladolid, auquel Philippe II assista en personne au début de son règne, un gentilhomme florentin, Carlos de Seso, que Charles-Quint avait honoré de sa confiance, condamné à être brûlé vif, reprocha au roi catholique, en passant devant lui, de laisser persécuter les innocents par des moines. Philippe répliqua sévèrement : « Je porterais le bois au feu pour brûler mon fils, s'il était aussi méchant que vous ! » On attribue aussi de semblables paroles à François Iᵉʳ. Mais ce qui était une boutade pour l'un apparaît chez l'autre comme une décision inflexible.

Une seule autorité devait dominer le Saint-Office : la sienne. Il nommait l'inquisiteur

---

(1) « Yo traera leña para quemar a mi hijo, si fuero tant malo como vos. » Cabrera, V, III. Cette réponse est rapportée en termes à peu près identiques par divers auteurs, notamment par Fray Agostino Davila, dans son oraison funèbre de Philippe II, par Porreño : *Dichos y échós...*, et Colmenares, *Historia* de Segovia, XLII.

général et le révoquait. Ce magistrat ne recevait
ses instructions que du roi. Philippe désignait
lui-même les membres du Conseil d'Etat qui
devaient assister aux séances du *Conseil de la
Suprême.* Les Cortês de 1560 protestèrent
comme les papes contre le danger qu'il y
avait de mêler ainsi la politique à la religion.
Leurs doléances demeurèrent vaines. Philippe
ne se souciait point d'amoindrir le précieux
auxiliaire qui agissait silencieusement, sans
relâche, avec zèle et conscience, dans l'intérêt
de sa tyrannie. Lorsque les Pères de l'Eglise
assemblés à Trente parlent de réglementer
l'Inquisition, Philippe enjoint à ses diplomates, Diégo de Vargas et comte de Luna de
représenter au pape et au Concile que l'autorité de la sainte Inquisition ne doit pas être
diminuée. Non seulement il était fermement
résolu à maintenir le Saint-Office en Espagne,
mais encore il voulut le faire fonctionner aux
Pays-Bas comme dans la péninsule et l'établir
à Milan, en Sardaigne et à Naples. Mais ces
Etats, unis au clergé, ne voulurent point
accepter ce triste cadeau. Si Philippe recula en
Italie, il préféra causer une grande révolution
aux Pays-Bas plutôt que de céder. Il créa
même un tribunal de la sainte Inquisition à

bord de sa flotte (ordonnance du 27 juillet 1570) afin que même dans la liberté de l'espace, ses sujets fussent surveillés et châtiés. Les Cortès de Monzon (1563) demandent à leur roi que l'Inquisition ne prenne plus une si grande autorité et ne tente plus de connaître de toutes choses. « Or, relate l'évêque de Limoges, le dict roy entend principalement establir son obéissance par l'authorité de la dicte Inquisi- tion. » Pourquoi le roi catholique voulait-il préserver son tribunal de toute atteinte et for- tifier ses pouvoirs ? Saint-Sulpice l'écrit à Ca- therine de Médicis (11 octobre 1562) : « afin de retenir ceulx-ci (les sujets) en plus grande crainte et subjection qu'ils ne le sont. » Giov. Sorranzo, dans une lettre du 11 novembre 1563, indique d'après le duc d'Albe que le roi veut accroître et étendre les pouvoirs de l'Inquisition, parce qu'il juge que c'est le seul remède de conserver les peuples dans la religion et l'obéissance (1). En 1563, la relation Paolo Tiepolo note que le roi favorise l'Inquisition, parce qu'il peut mieux, grâce à son concours, refréner les

---

(1) « Il re vuolo al tutto crescer l'attorita al tribunale dell'Inquisitione, perciochè conosce Sua Maesta chiara- mente quello esser il solo rimedio di conservare li popoli en religione et obédientia... »

peuples (1). L'autorité de ce tribunal est si grande que tout est tenu par lui dans l'épouvante (2).

L'Inquisition avait à sa tête le *grand inquisiteur*, assisté par le conseil de la *Suprême*, sorte de haute cour qui siégeait à Madrid et dont le pouvoir se ramifiait dans le pays par les tribunaux du Saint-Office. Les *fiscaux* instruisaient les procès que les qualificateurs jugeaient. Les *familiers* servaient de troupes de police, chargées des arrestations et de la protection du tribunal. Ces tribunaux ne jugeaient pas seulement les délits, mais encore les intentions. Ils fouillaient les actes et les consciences (3). La procédure était secrète et l'accusé privé de toute défense efficace. Les qualificateurs avaient une subtilité d'interprétation telle que tout ce que l'on pouvait dire ou écrire était susceptible d'être incriminé. Mais l'on voulait aussi des aveux, et la torture faisait dire aux patients ce que les inquisiteurs avaient jugé devoir être la vérité. Pour arriver

(1) Albéri, V, 22.
(2) « La cura di questo consiglio è di estirpare e castigare gli eretici e stenda la sua giurisditione per lutti li regni di Spaña... » *Diario de Camillo Borghese.*
(3) Paolo Tiepolo (1563) ; Giovanni Sorranzo (1565).

à ces résultats iniques, dignes de la justice sommaire d'une cour martiale, les inquisiteurs suivaient des formes judiciaires très minutieuses, compliquées et lentes. Le châtiment final était préparé comme un acte de justice irréprochable. En 1552, on arrête une pauvre vieille femme de 85 ans, appelée Marie de Bourgogne. Un esclave juif, condamné à être brûlé vif, l'avait dénoncée comme ayant prononcé ces paroles : « Tu as raison, les chrétiens n'ont ni foi ni loi. » On met cinq ans pour constituer le dossier des preuves. Comme on n'avait pu les obtenir, la malheureuse, malgré ses 90 ans, fut soumise à la torture. Le supplice la tue. Trois ans après, son cadavre est condamné, exhumé, brûlé. Ses biens, point important, sont confisqués, et ses enfants et descendants marqués d'infamie.

Tels étaient les procédés de ces hommes cruels, qui avaient pris à tâche de réaliser l'enfer sur la terre. Les malheureux qu'ils condamnaient étaient tout d'abord voués à la honte publique. Le jour de l'acte de foi (*auto dafé*) les victimes étaient conduites sur la place publique, affublées du *san-benito*, portant un cierge de cire jaune à la main et une corde de genêt au cou. Ceux qui abjuraient leurs crimes et qu'on admettait à la *réconciliation* retournaient en prison après une longue et douloureuse cérémonie ; les autres, le tribunal du Saint-Office les abandonnait à la justice du corrégidor et les recommandait à sa clémence. Cette hypocrisie signifiait simplement que les prisonniers devaient être brûlés vifs. On les conduisait immédiatement au *quemadero*, ou bûcher, et la populace pouvait trépigner d'une joie malsaine, en voyant de pauvres créatures humaines se tordre en une horrible agonie. Près de 6.000 personnes furent ainsi rôties sous le règne de Philippe II ; environ 3.000 condamnées en effigie et 29.000 pénitenciées.

L'Inquisition est la plus haute expression de la volonté de Philippe. Par elle, son fanatisme religieux et sa tyrannie politique étaient admirablement servis. On dira que l'idée de faire périr les hérétiques par le feu était généralement admise au xvie siècle. Il est vrai qu'Anne Dubourg et quelques autres furent brûlés en France et Michel Servet à Genève. Nous savons aussi que sous Paul IV (*Caraffa*) l'Inquisition devint, en Italie, si odieusement persécutrice, qu'elle faisait sortir ce cri de la bouche d'Antonio dei Pagliarici : « A peine s'il est possible d'être un chrétien et de mourir dans son lit (1) » et qu'une noble dame, comme la duchesse de Ferrare, selon l'expression de Marot, mêlait « des larmes à son vin ». Mais ce sont là des faits exceptionnels, issus d'un état de crise particulier, tandis qu'en Espagne, sous Philippe II, l'intolérance homicide s'installe régulièrement et entre dans le cours des faits ordinaires et permanents.

Après l'esprit de l'époque, il faudra invoquer la conscience publique. D'aucuns pensent que l'Espagne tout entière aurait été complice de Philippe II. Il n'est pas question de nier que l'Espagne fût fanatisée en général. Si la terreur inquisitoriale a pu se maintenir dans ce pays, c'est en partie grâce à ce fanatisme. Les luttes séculaires du peuple espagnol contre les Maures, autant que ses contacts avec cette race voluptueuse, avaient fortement influé sur sa nature. La mysticité devint pour lui comme une sanctification de la sensualité africaine, et le fanatisme fut le choc en retour contre lui-même de la furie accumulée durant huit siècles de combats (2). Cependant, la passion n'est

(1) Ranke, *Histoire* de *la Papauté*, édit. Wouters, I, 177.

(2) « El mysticismo fué como una sanctification de la sensualitad africana, y el fanatismo fué una reversion

pas tout dans la vie ; il y a aussi le cœur, avec
sa commisération naturelle, et, à défaut de
pitié, le sentiment de l'intérêt personnel et
l'esprit de conservation. Qui a sondé la conscience de tous les Espagnols du xvie siècle ?
Qui a scruté les cœurs pour savoir si, au
retour des cérémonies lugubres de l'acte de foi,
ils ne condamnaient point cette barbarie comme
inhumaine. Qui pourra dire que chacun se
sentait menacé d'un pareil sort, sans trembler
et sans maudire ? L'histoire des courants contraires à l'Inquisition n'est pas faite. Une telle
tentative serait sans doute difficile à mener à
bien, en raison de la rareté des témoignages.
La peur des espions et délateurs, l'effroi des
conséquences d'une inculpation rendaient les
lèvres muettes. Mais ce silence universel est-il
une approbation ? Certains indices prouvent le
contraire. Le 6 octobre 1504, le peuple de
Cordoue se soulève et oblige l'inquisiteur Deza
à regagner son diocèse. Tout d'abord la Castille n'accepta pas le tribunal. Sous Charles-
Quint, l'Inquisition fut l'objet de nombreuses

contra nosostros mismos, cuando termino la Reconquista,
de la furia accumulado durante ocho siglos de combate. »
Ganivet... *Idearium espagnol*, cité par Ch. Bratli,
p. 157.

plaintes. On offrait même de se racheter d'une
partie de sa juridiction à prix d'argent. Aux
Cortês de 1563 (Aragon et Valence), un vœu fut
présenté au roi avec véhémence pour que le
rôle de l'Inquisition fût réduit à la connaissance des seuls cas d'hérésie. Devant l'attitude
dilatoire de Philippe, les députés refusèrent de
voter les 12.000 ducats demandés par lui. Il ne
les fit fléchir que par la promesse d'une enquête
sur les abus du tribunal de la foi (1). Une re-
montrance anonyme, adressée d'abord à
Charles-Quint, puis représentée à Philippe II,
en 1559, semble traduire une protestation profonde de la conscience publique. « En Espagne,
le tribunal qu'on appelle inquisition, lit-on
dans ce document, est violent et furieux au
dernier point, intraitable et cruel, en sorte
qu'on ne peut y rien avouer pour le soutien de
l'intérêt et de la vérité ; l'audition des témoins
s'y fait avec une injustice criante et barbare ;
tout cela est d'autant plus dangereux et contraire à la raison, que les inquisiteurs sont des
hommes ignorants, cruels, avares, dépourvus
de la vraie connaissance de Dieu, de la religion
chrétienne et de Jésus-Christ son auteur, et qui,

_____

(1) Lafuente, *Historia general* de *España*, XIII, 127.

semblables à des vautours, ne vivent que
du produit de leurs rapines. » Si on ne réforme pas l'Inquisition, continue la remou-
trance, « elle restera certainement souillée d'un
vice si atroce et si excessif, qu'on n'aura jamais
rien vu de semblable, dans aucune histoire, ni
dans le souvenir des hommes (1). » Ne doit-
on pas voir aussi dans l'extrême affection des
Castillans pour don Carlos comme une sorte
de réprobation contre la tyrannie du père ?
Dans la pièce funéraire écrite par le noble
poète Fray Luis de Léon à l'occasion de la
mort du prince, se trouve cette épitaphe : « Ici
gisent de Charles les dépouilles ; la partie
essentielle s'est envolée au ciel, et avec elle la
valeur. Sur la terre, restent *la crainte* dans les
cœurs et *les larmes* dans les yeux (2). » Il
semble que cette crainte et ces larmes aient
vraiment leur signification politique en semblable occurrence.

D'autre part, il est certain que le clergé
espagnol, et certains ordres religieux, comme
les Augustins, les Jésuites, les Carmélites de

---

(1) Llorente, II, 170.
(2) « Aqui yacen de Carlos los despojos, | La parte
principal volvióse al cielo, | Con ella fué el valor, quí-
dole al suelo | Miede en el corazon, llanto en los ojos. »

sainte Thérèse, et même peut-être certains dominicains, trouvaient intolérables les pouvoirs abusifs de l'Inquisition.

Les Augustins sont frappés en la personne de Fray Luis de Leon, tenu cinq ans en prison, pour avoir communiqué à un ami une traduction du *Cantique des Cantiques*. Les jésuites vivent sous une menace perpétuelle. L'inquisition les persécute dans la personne de leurs plus illustres représentants : Ignace de Loyola, le père Lainez, Saint-François Borgia, Prudence de Montemayor. Sainte Thérèse elle-même fut tenue dans l'inquiétude par le Saint-Office. Les saints et saintes les plus purs de l'Espagne, comme ses religieux les plus doctes, sont suspectés et inquisitionnés, tels la sœur Marie de Agreda et Fray Luis de Grenade, Jean d'Avila, Martin Martinez de Cantalapiedra et tant d'autres moins connus. Les simples prêtres, les évêques et archevêques ne furent pas davantage ménagés. Le long martyre du vénérable Carranza, primat d'Espagne et archevêque de Tolède, ancien confesseur de Charles-Quint et de Philippe II, en est un exemple. Ces luttes de l'Inquisition avec les communautés religieuses et avec l'ordre ecclésiastique montrent bien, semble-

t-il, que l'Eglise en général était sa victime
et que, par conséquent, l'Eglise, au fond, lui
était opposée. Notre étude sur la politique
religieuse de Philippe achèvera d'en faire la
preuve.

Les productions les plus élevées et les plus
fortes des penseurs espagnols du siècle de Philippe II, ne protestent-elles pas aussi, d'une
manière indirecte il est vrai, mais non douteuse cependant, contre l'esprit tyrannique de
l'Inquisition. L'Inquisition trace une voie
unilatérale, tandis que la philosophie, au
contraire, cherche à concilier et à réunir dans
une unité supérieure, les doctrines qui paraissent opposées ; sa tendance est manifestement
éclectique. Les casuistes intolérants du Saint-
Office tuent l'esprit sous la lettre du dogme
et les philosophes espagnols préconisent l'intuition, l'initiative, l'expérience. A l'imposition
d'une obéissance aveugle, la philosophie
oppose l'esprit critique ; aux querelles stériles,
la nécessité d'orienter les spéculations intellectuelles vers les problèmes de la vie pratique. Luis Vivès, philosophe, théologien,
pédagogue ; les aristotéliciens Herrera et el
Brocense ; Gomez Pereya, précurseur lointain
de Thomas Reid et de Bergson, Francisco

Sanchez, le Montaigne espagnol, Pedro de Valencia, qui applique déjà les règles de la critique scientifique, l'épicurien Quevedo et tant d'autres sont pour le moins des croyants et des catholiques aussi sincères et fidèles que l'étaient les pédants du tribunal de la foi.

Si l'opposition de l'Espagne à l'Inquisition peut néanmoins paraître douteuse, parce que les Espagnols, ultérieurement, ont cherché à la justifier, il n'en est pas de même à l'extérieur. Son seul nom fait frémir les peuples de terreur et de répulsion. Catholiques et protestants, aux Pays-Bas, aiment mieux périr plutôt que d'accepter ce tribunal. Les Etats espagnols d'Italie, appuyés par leurs évêques et le pape, le repoussent également.

A Milan la révolte gronde aux cris de « Vive le roi ! périsse l'Inquisition. » Pie IV répond aux réclamations des députés de cette ville qu'il ne tolérera point que cette institution, dont il connait l'extrême rigueur, leur soit infligée. Même résistance également dans le nouveau monde. Chez les autres peuples, comme la France, l'Angleterre, l'Allemagne, l'Inquisition d'Espagne était si abhorrée, que ce sentiment contribuait à aigrir pour une grande part l'humeur d'hostilité et de réprobation générales que ce pays inspirait hors de ses frontières.

L'Inquisition a-t-elle été utile à l'Espagne ? Il semble difficile qu'une œuvre de corruption, de misère et de mort, puisse être bienfaisante. On assure que la péninsule fut protégée par elle de la contagion protestante et, par suite, des divisions et querelles que la dualité religieuse y eût provoquées. Peut-être. Cependant, il convient de remarquer que l'Espagne, si profondément catholique, et si orthodoxe en matière de dogmes, semblait, au XVIe siècle surtout, absolument réfractaire à la Réforme. En fait, elle ne fut jamais sérieusement menacée. Quelques religieux, ou d'autres personnes parmi l'élite de la société, s'intéressèrent certainement à la grande nouveauté du siècle, mais la masse de la nation demeura immobile et incorruptible en sa foi. Si l'on ne considérait que ces dissidences, l'appareil formidable du Saint-Office apparaîtrait comme une montagne soulevée pour écraser quelques fourmis. Mais c'est le génie espagnol, avec la droiture des consciences, que cette montagne d'iniquité écrase. L'Inquisition, régime de tyrannie et de terreur, fait perdre à la nation ibérique, si forte et énergique par sa nature, le sentiment de la liberté, de la dignité humaine, et des grands efforts. La vie religieuse elle-même, comme la vie civile et militaire, se débilite et s'engourdit dans la routine et la torpeur. Après les grands saints et les grands docteurs que les générations précédentes apportent à cette époque, c'est l'irrémédiable médiocrité. On ne voit plus de théologiens comparables à Melchior Cano, Lainez, Salmeron y Torrès, Luiz de Carjaval, Lorenzo de Villavicienco, Suarès, etc.

Dans l'ordre intellectuel, le siècle de Philippe II bénéficie aussi de la puissante fécondation du passé. Le grand Cervantes, Lope de Vega, Calderon, sont les plus beaux fleurons de cet âge d'or. Mais la blessure est dans la moelle, et l'arbre s'épuise rapidement. La littérature, la philosophie, comme la science sacrée, déclinent et végètent pauvrement ensuite, ainsi que des organismes atteints d'un mal incurable. Philippe, à l'aide de l'Inquisition, a galvanisé son peuple en un état d'âme stérile, d'où a résulté une longue paralysie générale. Certains attribuent cet épuisement profond au vice propre du peuple espagnol. C'est prendre l'effet pour la cause. Un pays combatif, aventureux, riche, prospère, farouchement énergique et glorieux comme l'était l'Espagne d'avant Philippe, ne tombe pas soudain dans une « flaquezza » insurmontable, sans qu'un germe morbide n'ait été introduit dans ses robustes vertus.

Ce serait une erreur de croire que le Saint-Office n'atteignait par son influence que la vie religieuse de ce peuple. Son excès de sévérité avait propagé une crainte générale. Voici comment Pedro Simon Abril termine son précieux mémoire sur la réforme des études, présenté à Philippe II : « Malgré tout, sachant que je suis homme et partant sujet à erreur, je déclare à Votre Majesté que j'ai dit et dis tout cela, en me soumettant à la correction de la sainte Eglise catholique romaine ; et si j'ai dit quelque chose qu'elle ne tienne point pour bonne, dès à présent je m'en dédis et me rétracte : ses décisions sont pour moi la vérité, le contraire est erreur, et je l'affirme ainsi. *Laus Deo*. » Une telle prudence est signe du temps. La moindre initiative dans l'ordre intellectuel et moral provoquait des tremblements de terreur.

XV

Philippe est considéré en général comme le champion du catholicisme au xvie siècle. Ceci n'est vrai que sous certains rapports, en gros et à distance. En face du protestantisme, des hérétiques, il est par excellence l'adversaire catholique. C'est lui qui paraît le chef de la Sainte-Ligue et le héros de Lépante. Il tenta constamment de soulever une vaste croisade européenne contre la Réforme. Comparé avec les intérêts propres de l'Eglise catholique, son rôle ne paraît plus concorder exactement avec les fins qu'on lui attribue.

Et tout d'abord Philippe était-il chrétien véritable et parfait catholique ? Question paradoxale. Le moine de l'Escurial, l'homme des prêtres, des églises, le passionné de religion, le fanatique et le bigot, ne paraît motiver aucun doute à cet égard. Examinons pourtant.

Un chrétien catholique croit en Dieu. Il
est le fils spirituel et moral de Jésus-Christ.
L'Eglise, société visible des enfants de Dieu,
fondée par le Rédempteur, le compte parmi
ses fidèles les plus soumis. En matière de foi
et de discipline religieuse, le Pape, héritier de
la primauté de Pierre, doit demeurer pour lui
l'autorité suprême. La communauté mystique
à laquelle il appartient est romaine. Son action
se manifeste par l'apostolat. Elle doit occuper
progressivement tout son domaine, qui est
l'humanité, par la propagation de la Foi et l'en-
seignement de l'Evangile : « Allez, enseignez
toutes les nations, prêchez l'évangile à toute
créature. » Enfin, qu'ils soient catholiques ou
non, les chrétiens doivent pratiquer un certain
nombre de vertus, comme la charité du cœur,
la fraternité humaine, le pardon des offenses,
la pureté des pensées et des actions.

La foi en Dieu, Philippe la possède assurément ; mais, fils du Christ, il ne l'est pas.
L'apostolat pour lui, c'est la prison, le bûcher,
le massacre. Sa froideur cruelle, son impassi-
bilité justicière, ses lentes et irascibles vengeances, ses fraudes et ses duplicités n'ont rien
d'évangélique. S'il se consacrait au service de
Dieu, c'était bien avec cette absence de sens

moral que Jésus reprochait aux pharisiens.

Fidèle de l'Eglise, il ne l'est pas davantage. En bien des circonstances, il apparaît
comme une sorte d'antipape espagnol ou
s'érige en dominateur du Saint-Siège. Les
bulles pontificales ne peuvent être publiées
en Espagne qu'avec son assentiment. Il fait
altérer celles qui lui déplaisent ou en interdit
la publication (1). Il empiète sur le pouvoir
ecclésiastique du Pape, dont l'Inquisition
annule en quelque sorte l'autorité. « Sa Sainteté, écrit l'évêque de Limoges, a aussi bien
que tout le collège de Rome, une dent contre
ceux qui manient cette Inquisition de laquelle
ils abusent tellement, à ce que disent les ministres de Sa Sainteté, que volontiers ils entre-
prendraient un contrôle universel avec peu de
révérence de leurs supérieurs. » Un ambassadeur vénitien observe que : « l'alcade ou le
corrégidor qui n'a pas été souvent excommunié
n'est point tenu en Espagne pour bon serviteur, car le meilleur des serviteurs c'est celui
qui fait la plus forte opposition à la juridiction
ecclésiastique. » Ministre de Dieu sur terre,

---

(1) Bulle *In Cœna Domini* ; bulle de convocation du
Concile de Trente ; brefs concernant Carranza, etc...

Philippe n'admet aucun intermédiaire entre lui et la puissance divine. « Je n'ai d'autre juge que Dieu ! » réplique-t-il au légat du Pape pendant la campagne du Portugal, mais en bien des cas il se croit le maitre et le juge des Souverains Pontifes : « Quant aux Souverains Pontifes, dit un Vénitien, Sa Majesté les veut en tout pour dépendants et confidents ; aussi dans les élections faisait-il en sorte qu'aucun des cardinaux d'intention française ne puisse parvenir. Il désire que le pape à élire soit de basse condition et qu'il paraisse savoir que c'est à lui qu'il doit son élévation au trône pontifical, que ses parents soient pauvres afin de les enrichir. » Aux papes qui furent ses créatures, il marqua une soumission apparente pour l'édification de la catholicité. Cette condescendance, toutefois, devait être payée par la complicité du pape. C'est ainsi par exemple qu'il essaya d'obtenir un monitoire appelant Jeanne d'Albret devant le Saint-Office ; qu'il voulut s'affider le Saint-Siège pour porter à Henri IV un coup perfide, et qu'enfin il tendit toujours à faire de la Rome spirituelle et temporelle, l'auxiliaire obéissante de sa politique générale, même religieuse. Que les Saints-Pères lui résistent, ils deviennent aussitôt de véritables hérétiques pour lui. Il voulut traduire Paul IV et Sixte-Quint devant un concile. Lorsque le pieux et sévère Pie IV lui conseille d'user de douceur dans le règlement des affaires des Pays-Bas et le blâme même de se montrer trop rigoureux envers ses sujets, Philippe ne peut se contenir (1). La lettre que Granvelle lui écrit de Rome, le 23 décembre 1566, vaut la peine d'être citée, car elle montre quel rôle abaissé les pontifes auraient joué sous l'hégémonie de Philippe, s'ils s'étaient laissés subjuguer : « Le pape, mande le cardinal, se le tient pour dit, j'en ai la certitude. C'est un doux et saint personnage ; mais il est mal avisé par moments ; il s'imagine *qu'il peut librement et sans contrainte dire ce qui lui paraît utile au service de Dieu, au soutien de la religion et au bonheur de la chrétienté* (2). Il recule lorsqu'on lui montre les dents, nous venons de le voir. »

(1) Il ordonne à son ambassadeur à Rome, par dépêche du 26 novembre 1566, de montrer grand ressentiment à Sa Sainteté : « Mostrandole grave sentimiento... »

(2) « Le parescera que pueda libremente y sin respecto tratar con todos y decir lo que le paresce convenir al servicio de Dios, sustentamiento de la religion y bien universal de la cristianidad. » *Correspondance de Philippe II*, II, 58.

Peut-être y a-t-il une ironie dans la phrase que nous soulignons. En tout cas, Granvelle, l'homme qui connaissait peut-être le mieux Philippe II et qui savait à merveille quel langage il fallait lui tenir, est assuré que son observation sera prise au sérieux par son maître. Elle résume trop bien les tendances invétérées de sa politique avec Rome pour qu'il ne l'accepte point comme pain bénit.

Même dans les questions de discipline religieuse, le roi catholique résiste au pape. L'affaire Carranza en est un exemple.

Carranza, archevêque de Tolède, primat des Espagnes, s'était attiré la haine de deux religieux de son ordre. L'un était le théologien Melchior Cano, esprit vigoureux et vaste, mais affligé d'un redoutable orgueil ; l'autre s'appelait Fernando Valdès, archevêque de Séville et grand inquisiteur. Le docteur scrutait la pensée dogmatique du vénérable archevêque de Tolède, tandis que le maître du Saint-Office l'enveloppait d'un espionnage minutieux. Lorsque le dossier que les deux compères minutaient fut à point, Philippe autorisa l'arrestation de celui qui assista Charles-Quint dans ses derniers moments et qui l'avait suivi lui-même en Angleterre comme confesseur. Carranza fut tiré de son lit à minuit par les limiers de l'Inquisition et emprisonné. Aussitôt un interminable procès théologique commença. Melchior Cano avait relevé dans les œuvres de l'archevêque de Tolède, et notamment en ses *Commentaires sur le catéchisme*, 140 propositions condamnables, et qui le rendaient, à ses yeux, plus hérétique que Luther.

Le Concile de Trente (1) et la congrégation de l'Index approuvèrent le catéchisme incriminé. Le pape en ordonna même l'impression. Quel était le devoir du roi catholique en présence de ces faits ? Ne devait-il pas prescrire la clôture de l'instruction inquisitoriale et tirer le primat du cachot obscur où il était tenu au secret depuis deux ans ? On ne voit pas de décision plus sage, plus humaine, plus chrétienne et catholique. A tout le moins, aurait-il dû obtempérer au bref du légat du pape, dessaisissant la sainte Inquisition du procès Carranza.

En agissant ainsi, il aurait reconnu une autorité autre que la sienne. Il préféra résister. « C'est par respect pour Votre Sainteté, écrit-il

(1) Fra Paolo Sarpi, *Historia del concilio Tridentino,* VIII, XXXII.

à Pie IV, que je m'abstiens d'exprimer ce que
je ressens : les pères du Concile feraient mieux
de s'occuper des intérêts de la chrétienté. » Et
il signifie au pape que le bref du légat ne sera
pas publié et que l'archevêque restera captif
du Saint-Office.

Il y avait six ans que Carranza était détenu
lorsque Philippe se vit contraint d'accepter que
le cas fût examiné par trois commissaires envoyés par le Saint-Père lui-même. Ces enqué-
teurs n'étaient autres que les futurs papes Grégoire XIII (Hugo Buoncompagno, de Bologne),
Sixte-Quint (Félix Peretti, cardinal Montalto)
et Urbain VII (Jean-Baptiste Castagna). Pendant qu'on égarait ses envoyés dans les replis
d'une procédure infinie et sans aboutissement,
Pie IV, homme sincère, énergique et ami des
droits chemins, perdit patience. Ou le roi
catholique serait excommunié, ou Carranza
sortirait d'Espagne pour être jugé à Rome, tel
fut l'ultimatum qui eut raison de la duplicité
de Philippe. Il obéit, mais en rusant de tant
de manières que Pie IV mourut sans avoir pu
réhabiliter le primat d'Espagne. Ce fut Grégoire XIII qui termina un procès long de
dix-sept ans, en ordonnant quelques pénitences
seulement à la victime de Valdès et de Melchior

Cano. Carranza mourut à Rome, seize jours après sa délivrance.

Ces longs déchirements entre le roi d'Espagne et la papauté montrent bien, semble-t-il, que même en matière de discipline ecclésiastique et de dogmes, Madrid prétendait s'affranchir de Rome.

Les intentions sont comprimées, réduites, annulées même souvent par une quantité de nécessités extérieures. Outre les besoins de sa politique étrangère, Philippe avait à tenir compte du caractère essentiellement catholique de sa monarchie, et, par là, de sa puissance même. Ses propres sentiments le contraignaient ainsi à mitiger, ou plutôt, à envelopper de formes adoucies ses velléités absolues en matière religieuse. Enfin son tempérament, trop faible et trop hésitant pour la violence de sa passion, en retardait et diminuait les effets.

Jugée d'après ses mobiles seuls, la politique de Philippe II à l'égard de la papauté paraitra beaucoup plus grave et décisive qu'elle ne le fut réellement.

A l'époque de ses démêlés avec Paul IV, Philippe fit soumettre à des personnes de science et de religion, et particulièrement à Melchior

Cano, un questionnaire qui nous renseigne à ce sujet.

Le roi demande, après avoir exprimé ses griefs contre le Saint-Père, et émis l'avis qu'il y a lieu, dans l'intérêt général de l'Eglise, d'apporter une sérieuse réforme aux affaires ecclésiastiques (1) :

1° Jusqu'à quel point peut-il intervenir ? Quelle est la limite de son obéissance envers le pape ? Que peut-il faire chrétiennement et sans injustice pour soutenir son droit ?

2° Dans les circonstances présentes, peut-il défendre à tous ses sujets, même aux cardinaux de curie, de se rendre à Rome ?... Ne pourrait-on pas s'affranchir de la juridiction ecclésiastique de Rome, au moins pendant la guerre ? Ne pourrait-on empêcher qu'aucun subside, directement ou indirectement, n'allât d'Espagne à Rome ?

3° Ne pourrait-on point réunir des Conciles nationaux dans les Etats de sa couronne et dans ceux de ses alliés pour procéder à la réformation ecclésiastique ?

4° Faut-il demander la continuation du Con-

---

(1) « Teniendo asimismo fin al beneficio público de la Iglesia y de sus Estados, y la reformacion y remedio de la tocante a lo eclesiástico. »

cile de Trente pour qu'il procède d'urgence à
la réforme de l'Eglise, *in capite et in membris.*
Dans le cas où Sa Sainteté voudrait empêcher
la continuation de ce concile, le roi pourrait-il
passer outre et envoyer ses prélats au concile,
etc. ?

Philippe demande encore s'il ne pourrait
pas obliger le pape à faire juger en Espagne par
un légat les affaires de ce pays ressortissant à
la justice romaine ; si l'on ne devrait pas res-
tituer à l'autorité diocésaine la collation des bénéfices vacants et empêcher aussi que Rome
ne perçoive les revenus des évêchés non pour-
vus de titulaires ; enfin ce qui devrait être fait
pour amener le nonce à expédier toutes les
affaires gratis.

Dans sa réponse à ce questionnaire, le docteur Melchior Cano rend d'abord hommage à
la majesté du pape, « notre père spirituel », dit-
il. Si le pape a des torts, il ne faut point les relever, car on s'exposerait ainsi à découvrir la
honte paternelle : *la de descubrir la verguensa
de su padre.* D'après lui, on ne saurait sépa-
rer la personne du Saint-Père de son caractère de vicaire du Christ. Ainsi, tout outrage
qui lui est fait atteint Dieu lui-même. L'autorité du pape doit se trouver à l'abri de toute

atteinte. Y toucher, ce serait risquer de rompre l'unité de l'Eglise. La bonne cause, alors, deviendrait mauvaise : *y de buena causa hacen mala.* »

Abrité sous cette déclaration de principes, et sans se soucier autrement de rester fidèle à leur esprit, le théologien de Salamanque entre dans le vif de la question.

Tout comme Luther, et avec la même véhémence indignée, Melchior Cano dépeint la Rome ecclésiastique de l'époque sous de troubles couleurs. C'est une sentine, un cloaque d'indignité. La papauté est si malade dans cette atmosphère impure que son mal ne peut souffrir aucun remède : *que no puedo sufrir suo mal ningun remedio.* Celui-là ne connaît point Rome qui prétend la guérir : *mal conosce à Roma, quien pretende sanarla.* Voilà ce qui s'appelle ne point découvrir la honte paternelle.

Au contraire des pusillanimes, Cano croit que cette cure peut être tentée, mais à condition d'user de remèdes énergiques. Le roi ne doit point supporter les empiétements et les injures du pape. S'il ne résistait point, il ne saurait invoquer sa crainte d'offenser Dieu. Sa soumission ne serait que faiblesse d'âme et manque de vigueur et de puissance : *flaquezzo de animo, y falta de vigor y poderio.* Une garnison doit être installée à Rome. Cano propose même d'y envoyer, avec les soldats du duc d'Albe, un certain nombre d'évêques et de docteurs d'Espagne. Ce bataillon de théologiens causerait certainement une grande terreur à Rome. En outre, on doit considérer le pape comme un coupable et le punir. Enfin des avantages pour le roi et l'Eglise d'Espagne doivent être arrachés au souverain pontife. On voit que l'inviolabilité du vicaire du Christ et l'intérêt supérieur du catholicisme ne sont ici que des considérations nulles.

C'est par l'argent surtout que l'ennemi de Carranza entend réduire le Saint-Siège. Faisant allusion aux deniers que le roi catholique perçoit dans son royaume sur les bénéfices ecclésiastiques, « nous sommes payés avec notre propre argent », remarque-t-il ironiquement. Si c'était le roi qui faisait sa part à Rome, les choses changeraient de face. Rome alors dépendrait de la Providence espagnole, et l'on pourrait lui mesurer le pain et l'eau : *y los podrianos dar el agua y el pan.*

Philippe II ne suivit pas jusqu'au bout les conseils de son théologien. Il ne pouvait,

lui, chef ostensible de la catholicité politique
en Europe, agir envers le Saint-Siège sans
ménagement. Un grand nombre d'autres
considérations urgentes, jointes à son indé-
cision naturelle, l'empêchèrent d'agir catégori-
quement contre la papauté, qu'il aurait volontiers dépouillée. Croit-on que ce fut par
respect qu'il fit demander l'absolution à
Paul IV lorsque ses soldats l'eurent vaincu ?
« Si j'eusse été le roi, s'écria le duc d'Albe,
précurseur de Louis XIV et de Bonaparte,
le cardinal Caraffa (Paul IV) serait venu à
Bruxelles implorer à genoux son pardon,
comme j'ai dû demander le sien aujourd'hui
pour le roi et pour nous tous. » S'il avait été
Philippe II, le duc d'Albe n'eût pas agi autrement que lui, parce qu'alors il aurait voulu
aplanir, comme le faisait Philippe, toutes les
difficultés extérieures pour rentrer en Espagne,
où la détresse de ses finances et le protestantisme naissant l'appelaient. Il eût considéré
que Paul IV, tout ennemi de l'Espagne qu'il
fût, paraissait plus ennemi encore des hérétiques et tout à fait bien disposé pour l'Inqui-
sitiou.

Mais, au fond, la politique de Philippe fut
une politique d'indépendance et de domination

à la fois à l'égard du Saint-Siège, son allié indispensable cependant. Il éprouva un vif ressentiment de ce que le pape eût prononcé la clôture du concile de Trente sans lui en avoir référé (1). S'il fit recevoir les décrets de ce Concile en Espagne et en Flandre *en apparence* purement et simplement, et cela pour les besoins de sa politique générale, il en fit limiter l'application par des synodes qui se tinrent à Séville, à Saragosse, à Tolède et à Salamanque et où ses commissaires avaient apporté les résolutions délibérées en Conseil d'Etat (2). Cette intrusion du pouvoir séculier dans une affaire appartenant exclusivement à la juridiction de l'Eglise ulcéra profondément le Saint-Père (3).

Il ne s'agit pas de savoir si Philippe avait tort ou raison en agissant ainsi (4), mais seule-

(1) Fra Paolo Sarpi. VIII, LXXXV.

(2) Adriani, *Historia de'suoi tempi*, XVIII, 1273. De Thon, *Historiæ sui temporis*, XXXVI, XXIX.

(3) « Quod Pontificis animum inter multa injuriose in ipsum ab Hispanis facta maximopere exulceravit... » etc. De Thou.

(4) On sait que, malgré les efforts de Rome et du clergé, Charles IX, *H*enri IV, Louis XIII, se refusèrent à auto-riser la publication en France des décrets du concile, considérés comme contraires aux maximes de l'Etat.

ment de montrer qu'il n'était nullement inféodé à l'Eglise et à Rome, comme on l'a prétendu.

Entre la politique de Philippe II et celle de la papauté, il y avait en somme une contrariété irréductible. Le président Pasquier estimait que le souverain pontife acquerrait par les décrets du Concile de Trente « plus d'autorité qu'il n'aurait pu faire dès et depuis la fondation du christianisme ». Quelle était la limite de cette autorité ? L'Eglise est un corps formé de tous les royaumes et républiques catholiques de l'univers. Chaque membre de ce corps peut avoir son originalité particulière, mais ils doivent tous concourir à la vie supérieure et autonome de l'ensemble dont ils font partie. Sans cette coordination, il est impossible que l'unité subsiste (1). L'Eglise est l'unité suprême dans laquelle les hommes et les nations trouvent leur âme et constitution commune. De là résulte sa souveraineté universelle, personnifiée par le pape. L'autorité du pape, du *servus servorum Dei*, constitue donc la base, le lien et l'intelligence motrice

---

(1) Pallavacini, *Hist.* du concile de *Trente*, VIII, XVII· « Non possano molte forme tra loro non ordinate domiuare in un composta. »

de ce corps (1). Le monarque légitime de l'univers, *il signore del mondo*, comme dit le cardinal Pallavacini, ne saurait être que le vicaire du Christ. La puissance de ce monarque est indépendante de toute autorité, et sans limites : *autorita illimitata ed independente* (2), comme celle de notre âme à laquelle tous les membres du corps obéissent, et sans lui demander raison de ses mouvements (3). Son patrimoine englobe les biens mêmes de ses sujets : *la substanze de sudditi* (4) et les rois ainsi que leurs royaumes comptent parmi ses tributaires (5).

Cette doctrine idéale paraît conforme, ou en tout cas logiquement déduite des idées religieuses de l'époque. Si Philippe avait été un véritable catholique, il n'aurait pu la contester. Mais il ne reconnaissait d'autre juge que Dieu et n'admettait aucun pouvoir au-dessus de son autorité. Entre l'esprit de son règne et celui des chefs de la catholicité, il y

(1) Pallav., I, X « del qual governo, la base, il legame, e l'intelligenza motrice e l'autorita del Pontifici. » I, X.
(2) *Ibid.*, VIII, XVII.
(3) *Ibid.*, XXI, VI.
(4) *Ibid.*, I, I ; VI, III.
(5) *Ibid.*, I, XXV.
C'est l'esprit même de la bulle *Ausculta, fili* (1301).

avait ainsi, sous les accords apparents, que les circonstances et les mœurs du temps imposaient, un réel antagonisme. Pour ne pas donner l'exemple pernicieux de la dissidence, et sans doute aussi pour obéir à sa sentimentalité religieuse, Philippe affectait une grande déférence extérieure à l'égard des papes successifs auxquels il eut affaire, tout en poursuivant sa voie exclusive.

Comme toute institution attaquée, l'Eglise eut à se défendre au xvi° siècle contre les menaces de destruction dont elle était l'objet. Ses ennemis, Philippe II, pour des motifs personnels, avait juré de les exterminer. De là une alliance imposée par les circonstances. Dans l'offensive contre les hérétiques, Philippe II, rendu intransigeant par son fanatisme, joue le rôle de champion du catholicisme (1),

---

(1) C'est le caractère le plus important de sa politique générale. Lorsque les affaires sont le plus désespérées aux Pays-Bas, il ne veut pas que des concessions, même apparentes, soient faites aux révoltés, en ce qui concerne la sainte foi catholique. Il préférerait perdre ses Etats plutôt que de transiger sur ce point. Il écrit à Requesens, par exemple : « .. Que toque en menoscabo de alcuno (cosa) de las de nuestra santa fe católica, porqué jamas verné en que en estas traya un punto, aunque se perdian los Estados. »

d'accord ou en désaccord avec le Saint-Siège, la plupart du temps plus modéré, plus clément et moins impolitique que son protagoniste. Les papes reçurent toujours de Philippe des conseils rigoureux, tandis qu'eux-mêmes cherchaient souvent à tempérer son zèle meurtrier (1). Au bras toujours vengeur de l'Espagne, Rome préféra sous ses pontifes indépendants l'appui de la France, tolérante et libérale par instinct. Philippe réclame la préséance pour son ambassadeur sur celui de France, et Pie IV la maintient à ce dernier. De même le roi d'Espagne ne réussit pas à tourner définitivement la papauté contre Henri IV et à empêcher son absolution. Au Concile de Trente, les évêques et les diplomates de Philippe II sont secrètement détestés par Pie IV. Ce pape estime que les Espagnols jouent au concile un rôle séditieux (2). A l'ambassadeur Vargas, qui prétend empêcher la

---

(1) Intervention de Pie IV en faveur des Pays-Bas. L'énergique Pie IV donne mission à l'évêque d'Ascoli d'employer la voie des négociations au lieu de la force. Clément VIII envoie à Madrid (1594) le nonce Camille Borghèse pour conseiller à Philippe de prendre une part moins offensive dans les troubles de la Ligue. A Morel Fatio, l'Espagne au XVIᵉ siècle, p. 152.

(2) Fra Paolo Sarpi, VI, xix.

clôture de ce concile au nom de tout le monde,
le même pape répond avec emportement que
l'Espagne n'est pas tout le monde (1). Tous les
papes qui ne furent pas complètement asservis
au parti ecclésiastique espagnol cherchèrent
ouvertement, comme Paul IV, avec une mobi-
lité incohérente, comme le grand Sixte-Quint,
ou d'une façon prudente, progressive, doucement obstinée, comme Clément VIII, à s'appuyer sur la France, rivale de l'Espagne.

Champion de la foi catholique, Philippe
doit-il être regardé, en sa dureté de fanatique,
comme un monstre produit ou couvé par le
catholicisme ? Nous avons vu que son cas est
très individuel et qu'il résulte surtout de son
organisation intérieure. Au reste, le fanatisme
étant le produit hybride de deux passions,
l'une à forme religieuse, l'autre à tendance
politique, sa déviation n'est imputable ni à la
politique ni à la religion, mais à l'individu
lui-même qui n'a pas su régir ses facultés.
Protestant, spiritualiste, libre penseur même,
un homme comme Philippe est toujours un
tyran halluciné par son âme.

(1) Sarpi, VIII, LXXIV ; Pallavacini, IV, XXIV.

XVI

Il faudrait un ouvrage étendu pour étudier cette question en détail. Envisagée par rapport à notre sujet, elle n'intéresse qu'en ses grands principes directeurs. Trouvons-nous également en ceci des liens qui relient les déterminations à l'âme même du roi ? Telle est la question à laquelle il faut répondre.

Dans son ensemble, la politique extérieure de Philippe II est une politique d'hégémonie européenne. Elle se manifeste par des interventions directes dans les affaires intérieures des peuples étrangers. Chef du parti catholique et roi de la nationalité qui se croit dominante, c'est l'intolérance espagnole qu'il voudrait implanter partout. Le fanatisme agressif et militant est l'âme même de cette politique. Son prosélytisme meurtrier, il est vrai, ne fut jamais désintéressé. Il était toujours suivi d'une arrière-pensée de domination réelle, d'un esprit de conquête déterminé. Doit-on conclure de cela que la croisade contre les hérétiques n'était qu'une hypocrisie chargée de couvrir les desseins ambitieux du monarque et de lui ouvrir des voies dissimulées pour se réaliser ? La sincérité passionnée de Philippe dans ses haines religieuses exclut nettement cette hypothèse. En lui le fanatique et le tyran se trouvaient également puissants. Ils n'allaient pas l'un sans l'autre. L'un exterminait en avant, l'autre ramassait derrière. La volonté de domination était d'ailleurs leur impulsion commune Le fanatique voulait faire l'unité de l'âme par la suppression des réfractaires au type qu'il concevait, le tyran visait à lier les peuples et les institutions diverses à son régime absolu. La direction du gouvernail en ce sens unique est constante sous Philippe II. Les coups de barre subits pour éviter un écueil ou louvoyer prudemment n'empêchent point cette orientation de demeurer visible.

La marque de cette politique double et conjointe de persécution et de domination se retrouve dans tous les rapports extérieurs de Philippe. Sa conduite envers les Pays-Bas en est un exemple énergique : il voulut s'y rendre le

maître absolu des consciences comme des institutions (1). Nous savons qu'il chercha par
tous les moyens à se subordonner le Saint-Siège.
Un fort parti espagnol était constamment
entretenu à Rome (2). Philippe présentait toujours une liste de noms au conclave. Il n'admettait pas que la politique étrangère du souverain
pontife différât de la sienne. Il n'est pas moins
avéré qu'il excita constamment la cour romaine
à la violence contre les protestants. En 1561
il écrit à Pie IV de sa propre main, pour lui
offrir d'extirper l'hérésie de la chrétienté avec
son secours. Il assure Sa Sainteté, en outre,
qu'« il est disposé à employer toutes les forces de
ses royaumes pour aider promptement et puis-
samment tous les princes à purger leurs Etats
de cette contagion (3). »

(1) Et pour cela, il aurait détruit le pays tout entier.
Il se demanda, en 1574, s'il devait inonder ou brûler la
Hollande. Il choisit le feu, qui respectera au moins la
terre en détruisant les choses. Ce châtiment suprême
est indiqué par la volonté de Dieu. *Correspondance de
Philippe II*, I, 174.

(2) « Ambasciatore de Spagna manda a far offitio con
calumque ministro del Papa e procura guadagna tutti. »
Carnets de Leonardo Donato, publiés par Baschet dans
les Princes de l'Europe au XVIe siècle..., page 206.

(3) Fra Paolo Sarpi, V, LXXX.

Il fait écrire par Elisabeth de Valois, sa femme, à Catherine de Médicis : « Le roi mon Seigneur vous supplie de chastier les méchants très instamment et si vous avez peur, pour estre trop grande quantité, que vous nous employiez ; car nous vous bâillerons tout, nostre bien, nos gens et ce que nous avons pour soutenir la religion. » Les offres de ce genre furent fréquentes, comme en témoignent les documents diplomatiques de l'époque. En dépit des factions rivales et du délire de haine qui possédait les cœurs, la sagesse française, dans cette grande et terrible crise religieuse, inclinait à la modération, à la tolérance, au rétablissement de l'esprit national. Chaque fois que le gouvernement français obéit à cette impulsion, qui deviendra triomphante avec les *Politiques* et Henri IV, le roi d'Espagne est saisi d'indignation et son bon cousin de France mérite d'être confondu avec les hérétiques. Pour Philippe toute la nation française est criminelle, *endemoniada*, à cause de son indifférence. Il trouve mauvais que François II et le cardinal de Lorraine cherchent à rétablir l'harmonie religieuse au moyen d'un concile national. Il préférerait le châtiment des rebelles, le rétablissement de l'unité religieuse par les supplices. Pour cela, il offre encore d'envoyer en France hommes et argent (1). Il n'est pas davantage d'accord avec François II au sujet de la reprise du Concile de Trente. Le gouvernement français désire que ce concile ait pour but essentiel d'entraccorder protestants et catholiques. Il informe à plusieurs reprises le pape et Philippe II qu'il désire un concile libre et sûr, où les protestants seront conviés avec toutes les garanties nécessaires. François II fait dire au roi d'Espagne par son ambassadeur : « qu'il se met en peine d'enlever la crainte aux Allemands qu'on aille les combattre avec les armes et qu'on est dans l'intention d'aller les chercher eux-mêmes et d'aller jusques en leur pays pour nous mettre les uns et les autres en paix et repos. » « Si le pape ne marche d'un *bon pied*, ajoute le roi de France, il réunira le concile national auquel il a déjà songé pour purger le mal de l'Eglise et mettre la paix dans son royaume, en quoi il sera aidé par beaucoup de gens de bien (2). » Je suis merveilleusement

(1) Mémoire envoyé à M. de Limoges, 4 mars 1560 ; lettre de la Reine mère à M. de Limoges, 14 avril 1561. Dans Louis Paris. *Négociations*, etc.

(2) François II à l'évêque de Limoges, 28 juillet 1560. Louis Paris, *Négociations...*

mari, écrit le cardinal de Lorraine au même ambassadeur, que le pape ne chemine pas avec le zèle et l'affection qu'il montrait au commencement et que, tant lui que le roi d'Hespaigne, s'aheurte à reprendre les erres de celui de Trente ; car j'ay grand peur que cela soit cause de nous gaster tout (1)... » A aucun prix Philippe II n'aurait consenti aux propositions libérales de la France. Faire des concessions aux réformés eût été un crime à ses yeux. Assurer l'indépendance du concile, n'était-ce pas le soustraire à la domination de la faction espagnole ? A cela non plus il ne pouvait donner son approbation. Sous Charles IX il trouve mauvais que la cour applique avec trop de bonne foi et de loyauté le traité intervenu avec les huguenots. Il lui paraît « bien étrange aussi que l'état de colonel dust être rendu au sieur d'Andelot, lequel avait été l'un des chefs des derniers troubles et faulteurs de rébellion. La reine devait s'en abstenir pour le grand scandale que cela donnerait à sa réputation. » Le roi « n'estait pas moins esbahiz de ce que la royne permettait au prince de Condé de faire prescher sa reli-

---

(1) Lettre du 28 juillet 1560. Lettre de la reine mère à M. de Limoges, 14 avril 1561. *Ibid.*

gion dedans les propres logis du roy (1). »

En somme, ce que Philippe II désire pour la France, c'est une intransigeance aveugle, une politique de répression à outrance. Aussi, lorsque la nouvelle des massacres de la Saint-Barthélemy lui parvient, son cœur tressaille-t-il d'une horrible joie. Il écrit à Catherine de Médicis pour la féliciter d'une action qui contribuait tellement au service, à l'honneur et à la gloire de Dieu. « C'est pour moi, ajoute-t-il, la meilleure et la plus joyeuse nouvelle qui pût me parvenir en ce moment. Je baise plusieurs fois les mains de V. M. qui me l'ont écrite (2). » Il écrit encore le lendemain à Çuñiga : « C'est l'un des meilleurs contentements que j'aie éprouvés dans ma vie entière... Présentez-vous en mon nom devant la reine mère, expliquez-lui la satisfaction, l'extrême bonheur que m'a fait éprouver un acte si remarquable, si utile à Dieu, si bienfaisant pour la chrétienté entière et particulièrement pour le roi mon frère, un acte qui entourera sa couronne de gloire et

---

(1) Saint-Sulpice à la reine.

(2) « La major y mas alegra nueva que al presente me pudiera venir, y populas aver scripto V. M. la beso muchas veces los manos. »

d'estime pendant son règne et dans tous les siècles futurs (1). »

Devant cet horrible événement, la satisfaction de Philippe était double. Le sang des hérétiques répandu tombait sur son cœur comme une rosée céleste. La guerre civile allait s'allumer en France, affaiblissant le pays et lui ouvrant mille occasions favorables d'intervenir personnellement et de couler des soldats espagnols dans le royaume.

Les longs et persévérants desseins de Philippe pour capter la couronne de France, les subversions et malheurs qui en résultèrent, appartiennent à notre histoire générale et sont trop connus pour que nous les relations ici. Le *catholicon* d'Espagne avait perverti bien des consciences dans notre pays à cette époque néfaste. Mais le sentiment national peu à peu retrouvait sa force devant cette intolérable intrusion étrangère. Philippe II a beau lier ensemble les traîtres et les fanatiques, il a beau multiplier les agences de trahison et d'espionnage, la France répare le mal qu'il fait et lui

---

(1) « Tuve uno de los mayores contentamientos que he recibido en sua vida, » etc... Ms. Arch. nat., 1530, pièce 53, citée par Forneron, II, 530-531.

oppose son nationalisme ombrageux et invincible. On connaît les pathétiques imprécations de la *Satire Ménippée* : « O Paris qui n'es plus Paris, mais une spelunque de bestes farouches, une citadelle d'Espagnols, Wallons, Napolitains !... Te voilà en l'Inquisition d'Espagne, plus intolérable mille fois et plus dure à supporter aux esprits nez libres et francs, comme sont les Fiançois, que les plus cruelles morts dont les Espagnols sçauroient s'aviser (1)... » La ville de Lyon se révolte au cri de : « Vive la liberté françoise ! » et chasse les troupes espagnoles qu'on voulait introduire dans ses murs (2). On chante en France :

> Lyon, tu es pour certain bien heureuse,
> D'avoir repris le parti de ton roy,
> Et vaillamment déchassé loin de toi
> Cette union et Ligue malheureuse.

Et encore :

> Sus donc Français, prenons tretons les armes,
> Et notre roi suivons aux fiers combats,
> Pour ces ligueurs espagnols mettre à bas,
> Suivons-le donc aux assauts et alarmes.

> Que l'Espagnol et le Ligueur damnables
> Sentent l'effroi des redoutés françois,

(1) *Harangue* de d'Aubray.
(2) Journal de Pierre de l'Estoile, I, 446.

Et que vaincus ils soient à cette fois,
Et déchassés comme peste exécrable (1).

Le règne de fanatisme et de despotisme cor-
rupteurs que nous promettait l'Espagne ne
pouvait qu'être abominable à la conscience
française. Aussi l'ambition de Philippe II va-
t-elle de chute en chute et tombe-t-elle définitivement brisée sous les coups glorieux donnés
à Fontaine-Française, à Arques et à Ivry.

A l'égard de la France, l'arme à double tranchant de la politique de Philippe II parait
nettement discernable. Elle ne l'est pas moins
dans sa longue convoitise relative à l'Angleterre. Il veut espagnoliser ce pays, le rendre
au catholicisme en y écrasant sa réformation. L'*Invincible Armada*, dont la mise sùr
le pied de guerre nécessita un effort maritime
gigantesque pour l'époque, ainsi que les troupes
rassemblées par le duc de Parme sur les côtes
des Pays-Bas, avaient bel et bien pour mission
de conquérir la Grande-Bretagne. La correspondance échangée à cette époque entre le roi
et Alexandre Farnèse l'indique clairement.
On n'en est encore en Espagne qu'aux prépa-

(1) Le Roux de Liney, Chants *historiques* : Chanson
nouvelle d'un *bon soldat vrai et naturel françois* (15 90)

ratifs et Philippe, au fond de son Escurial, s'imagine que cette conquête est déjà
accomplie. Il écrit au duc de Parme : « Vos
soldats ne doivent pas oublier la discipline
après la victoire. Les catholiques doivent être
récompensés de leur fidélité et tous les habitants
traités avec tant de douceur qu'ils apprennent
ainsi à aimer leur nouveau maître... » Ou encore
ceci : « Au moment où je vous écris cette lettre,
je ne sais si ma dernière vous aura atteint, car
vous devez être déjà en Angleterre. »

Heureusement pour l'Europe le génie de
Philippe n'avait pas l'envergure de ses desseins. L'habileté corruptrice peut suffire à
compliquer les intrigues et à tirer quelque
profit des troubles qu'elle provoque ; elle n'est
pas de taille cependant à escamoter les peuples
et à dévier leur destinée nationale. Pour
mener à bien la grande aventure d'Angleterre,
il fallait une extrême puissance dans la conception des moyens et dans leur exécution.
Philippe disposait de deux hommes capables
de se mesurer avec cette redoutable entreprise,
son meilleur marin et son plus grand général :
le marquis de Santa-Cruz et Alexandre Farnèse.
Il désespère l'un et ne comprend pas l'autre
ou n'entre que trop tardivement dans ses vues.

Il s'imagine tout d'abord que Farnèse peut traverser le détroit avec ses bateaux plats et jeter une armée victorieuse sur l'Angleterre. Puis, lorsque sa grande flotte est prête, il en confie le commandement à un amiral de pleine terre, le duc de Medina-Sidonia, qui ignore tout de la marine. Il croit suppléer à la maîtrise qui manque à son lieutenant par des instructions si minutieuses et impératives que leur premier effet devait être d'en paralyser l'initiative, ainsi que celle de ses subordonnés capables d'agir. Il n'avait pas oublié non plus la vie religieuse à bord. Les marins devaient prier, se confesser, communier. Les jurons même leur étaient interdits. On voit mal les rudes soldats des *tercios* et les matelots galiciens, andalous et portugais soumis à un règlement bon pour les jeunes Éliacins d'un séminaire.

Colosse lent, désorienté, incertain, disparate et mal armé, l'*Armada* fut harcelée, dispersée au cours d'une bataille d'escarmouches de huit jours que lui livra la marine anglaise, prodigieusement mobile et agressive, dans les eaux de la Manche. Cette déroute du léviathan espagnol devant les guêpes britanniques fut celle aussi de la suprématie maritime de l'Espagne.

Philippe fit bien mettre à la voile, le 19 octobre 1597, une deuxième *Armada*, mais cette flotte fit naufrage à sa sortie du Ferrol et avec elle la politique anglaise du moine-roi.

Les rapports de Philippe II avec l'Allemagne se caractérisent surtout et avant tout par les tentatives réitérées, incessantes, du roi catholique pour fanatiser la conscience de l'empereur Maximilien. Ce monarque, tolérant et humain, estimait que « Dieu seul avait pouvoir sur les consciences ». Maxime intolérable pour le despote halluciné de l'Escurial. Aussi tenait-il son beau-frère allemand comme suspect et fit-il le nécessaire pour l'amener au parti catholique intransigeant. Ce n'est que lorsque Maximilien parut bien intentionné pour la religion, lisez la persécution, que son frère d'Espagne fut content de lui.

L'annexion du Portugal à l'Espagne (1580) constitue le grand succès extérieur de Philippe II. Le roi don Sébastien étant mort célibataire en Afrique, au cours de la désastreuse bataille d'Alcazarquivir, ce fut son oncle, le cardinal Henri, qui lui succéda. Petit-fils du roi Manoel par sa mère l'impératrice Isabelle, Philippe s'estima l'héritier présomptif de la couronne. Pour que le cardinal-roi mourût sans héritier direct, il fit en sorte que Rome ne le relevât pas de ses vœux ecclésiastiques. Il envoya en même temps à Lisbonne le duc d'Ossuna, don Christoval de Moura, et un certain nombre de docteurs, pour déterminer le roi Henri à dés Philippe comme son successeur.

Séparé de sa voisine péninsulaire dès le XIIᵉ siècle, le Portugal avait toujours héroïquement maintenu sa nationalité distincte de l'espagnole. Menacé, à la mort du roi don Fernando, d'être réincorporé à la Castille par hérédité du trône, le Portugal préféra prendre les armes et sauva son indépendance par la victoire d'Aljubarota. Philippe II était assurément dans ce pays le plus impopulaire de ceux qui affichaient déjà leurs prétentions. Mais le roi d'Espagne détenait à ce moment la suprématie que donnent la richesse et la force.

Don Christoval de Moura, portugais d'origine, achetait les consciences des nobles, pendant que la majorité de la nation, le roi Henri étant mort après deux ans de règne, élisait le prieur de Crato, don Antonio, fils naturel de l'infant don Louis, lui-même fils légitime du roi Manoel, sans se soucier de l'appui que le

Saint-Siège donnait au prieur de Crato et des vœux de la nation portugaise. Philippe fit envahir le Portugal par une armée que commandait le duc d'Albe. Cet homme terrible mena l'expédition avec son énergie et sa rigueur habituelles, forçant les obstacles, tranchant des têtes. Battu en toutes rencontres, don Antonio dut quitter la partie et fuir la péninsule. Philippe fut enfin reconnu roi de Portugal par les Cortès réunies à Thomar, après avoir juré de maintenir les *fueros* du pays et de ne nommer en Portugal aucun fonctionnaire espagnol.

Philippe ne pouvait manquer de se venger. Il orna sa victoire d'un trophée des supplices. Tous ses ennemis furent exclus du pardon général. Néanmoins, instruit par l'expérience des Pays-Bas, il ne brusqua pas trop ce peuple, qui avait la haine de l'Espagnol dans le sang. Cela n'empêcha pas que sa domination ne fût odieuse aux Portugais. Les strophes immortelles du Camoëns disent quel était l'état d'âme de ce pays, durant sa captivité de soixante ans sous le joug de l'étranger.

Ainsi, par ses victoires comme par ses défaites, les desseins d'expansion et de vengeance de Philippe II avaient entouré l'Espagne d'une

sorte de malveillance universelle. L'Italie était
peu fidèle ; la France de plus en plus anti-
espagnole ; l'Angleterre ennemie, les Pays-Bas
brouillés à mort ; au flanc de la péninsule, la
haine sourde du Portugal, et, à l'intérieur, la
prostration terrible de l'Aragon, de la Navarre
et du peuple maure.

D'autre part, la politique étrangère de Philippe, plus vaste que son génie, était aussi
trop lourde pour l'Espagne. Ce pays ne pouvait être le pivot d'ébranlements aussi terribles.
A un peuple qui possédait une partie de l'A-
mérique du Sud et des Etats surbordonnés
épars, séparés de la métropole par la mer ou
par une puissance étrangère, la politique de
conservation et de consolidation à laquelle
Philippe songea au début de son règne était
souhaitable. Mais Philippe fit la politique de
son tempérament plutôt que celle de sa raison,
et cette politique se résume bien, en définitive, par ces deux mots : domination et persécution. Politique de tyran et de fanatique,
comme nous l'avons prévu au début de ce
chapitre.

On pourra voir autrement cette politique. Il
peut être dit avec juste raison qu'elle est con-
ditionnée, en ce qui concerne la France, l'An-

gleterre et l'Allemagne, par la question des Pays-Bas.

En divisant les Français contre eux-mêmes (1), en combattant la réformation anglaise et en poussant l'empereur Maximilien vers le parti catholique intransigeant, Philippe empêchait ses sujets révoltés d'être appuyés efficacement par l'une ou l'autre de ces puissances. Observons d'abord que cette utilité particulière de son rôle n'en exclut nullement les autres motifs.

Sa passion fanatique est trop évidente pour qu'on puisse la nier. Elle s'affranchit de son intérêt même, lorsqu'il le faut.

Après la Saint-Barthélemy, il refuse de se laisser réconcilier par ses diplomates avec Elisabeth, ce qui lui aurait donné pourtant une grande force contre la France. Lorsque Requésens lui conseille, pour sortir des embarras inextricables causés par les affaires des

---

(1) « Il a tasché de semer la division et la discorde parmi nous-mêmes. Et, si tost qu'il a veu nos princes se mescontenter et se bigearrer, il s'est secrètement jeté a la traverse pour encourager l'un des partis, nourrir et fomenter nos divisions et les rendre immortelles pour nous amuser à nous quereller, entrebattre et entretuer l'un l'autre, afin cependant d'estre laissé en paix, et, tandis que nous nous affaiblirons, croistres et s'augmenter de nostre perte et diminution. » *Satire Ménippée.*

Flandres, de céder ces pays, soit au duc de
Savoie, en échange du Piémont, soit à son
propre fils, qui pourrait accorder tacitement
la liberté de conscience (1), Philippe écrit en
marge de cette proposition : « A mon fils, jamais. Je le préférerai mendiant, plutôt qu'hérétique (2) ». D'autre part, cette observation nous
ramène aussi à notre caractéristique principale. La politique de Philippe II aux Pays-
Bas étant essentiellement une politique de fanatique et de tyran, tous les moyens subordonnés à son action principale, directement ou
indirectement, participent aux mêmes fins.
Mais ce détour est inutile. La passion primitive de Philippe se manifestait partout pour son
propre compte. Seulement il n'oubliait pas d'en
tirer tous les profits secondaires possibles.

(1) « Tacitamente darles libertad de consciencias. »
(2) « Major es que sea pobre que no herege. » Correspondance de *Philippe II*, III, 193.

XVII

LES RÉSULTATS DU RÈGNE DE PHILIPPE II.

A la faveur du recul de la perspective historique, les Espagnols en sont venus à considérer Philippe comme leur roi national. Ce qui
demeure le plus visiblement, c'est l'éclat extérieur des actions. Sous Philippe II l'Espagne
joue dans le monde un grand premier rôle et
l'on oublie les résultats en faveur du prestige.
La politique de Charles-Quint fut une politique d'empire, une politique européenne, tandis que celle de Philippe II est essentiellement
espagnole. En tout et partout c'est l'Espagne
qui intervient avec lui et dicte ses conditions.
Si l'on ajoute que le nationalisme personnel de
Philippe faisait opposition au libéralisme cos-
mopolite de son père, les raisons de la prédilection espagnole pour le roi catholique appa-
raîtront.

Philippe personnifia aussi quelques-unes des

passions dominantes de cette nation noble et valeureuse, mais, à cette époque, intolérante, fanatique, en proie à une âpre mysticité ou adonnée à des pratiques religieuses machinales et puériles. La politique passionnelle et métaphysique de Philippe II était donc en harmonie avec le tempérament national, considéré dans son côté purement psychique. Mais fut-elle favorable aux intérêts positifs de ce peuple ? Servit-elle efficacement et d'une manière durable son présent et son avenir ? Enfin quels furent les résultats humains de ce règne ?

L'état de misère et de ruine dans lequel Philippe a laissé l'Espagne et l'histoire des calamités qu'il a suscitées dans la péninsule et dans les Pays-Bas sont des réponses décisives à ces questions.

Un roi est un conducteur de peuples et non un pasteur d'âmes. Lorsqu'il détient le pouvoir absolu, comme Philippe, sa responsabilité est également absolue. C'est lui qui doit sauver son peuple ou l'empêcher de se perdre. Individuellement il peut être joueur de flûte ou moine, mais comme monarque son devoir est celui-là même que lui dicte l'intérêt actuel et réel du pays qu'il régit. Déjà, lorsque Philippe II commence à régner, la décadence de l'Espagne se manifeste. Il est constamment en présence de ces faits : dépopulation, ruine économique, misère générale, dépravation immense du sens social, développement extérieur du pays déjà trop étendu pour sa force. Il tient compte de ces réalités dans une certaine mesure, c'est une justice à lui rendre, mais faiblement et parallèlement avec une politique supérieure qui écrasait ses tentatives excellentes et poussait à leurs pires conséquences tous les maux dont l'Espagne souffrait.

Cette politique tendait à la domination impossible des consciences et à l'établissement d'une tyrannie générale plus impossible encore. Il fallait de la paix, de la confiance, du travail, de l'économie, des dépenses productives, une forte stimulation nationale dans les voies de la sagesse pratique et du travail, et il provoque la haine religieuse, la délation, une mysticité morbide. Il fait de l'Espagne une vaste congrégation d'intolérance, un couvent de fanatiques. Aux persécutions infligées aux individus, il ajoute de sanglantes répressions contre les peuples. Les vies humaines sont fauchées par milliers. Ceux qui travaillent encore sont écrasés d'impôts. La plupart des ressources s'engloutissent dans les abimes d'une

politique de perdition. Le pays supporte une
action générale manifestement trop lourde pour
sa puissance. Les casuistes ignorants, cupi-
des et cruels de l'inquisition tuent la liberté
de l'esprit en toute tranquillité. L'ignorance
croît avec la misère, et toutes deux avec une
oppression stérile.

Le résultat concret du règne, c'est l'épuisement irrémédiable de l'Espagne, c'est la perte
pour un peuple de sa force créatrice et de ses
vertus sociales. L'Angleterre, la France, la
Hollande, ces rivales détestées et menacées,
vont prospérer durant des siècles, dans des
voies opposées à celle de Philippe, tandis que
l'Espagne, qui avait été un grand peuple florissant en même temps que la France et avant
les autres peuples de l'Europe, allait descendre
misérablement, dépouillée de son prestige, le
chemin de la décadence. Le grand humaniste
Vivès, dans une dédicace adressée à Philippe,
l'adjure de sauver l'Espagne par sa sagesse et
sa probité : *cujus salus sita est in tua probitate ac
sapientia.* C'est le contraire qu'il fit, car il la
perdit réellement par sa politique antiphy-
sique et insensée.

Il trahit ainsi les espérances des Espagnols
éclairés de son temps, moins rares qu'on ne

croit, des Espagnols capables de discerner la réalité à travers les mirages d'orgueil et de mysticité qui faisaient l'aveuglement général. Doua Oliva Sabuco de Nantes, une femme philosophe, à qui l'on attribue deux ouvrages remarquables, connus sous les titres abrégés de *Vera Medicina...* et *Nueva Filosofia...*, adresse, dans le premier de ces livres, les observations suivantes à Philippe II : « La nation semble toucher à sa fin, car la population, considérablement réduite, diminue à vue d'œil ; elle est accablée par la misère. Dans les villes et les bourgs on ne voit que des maisons désertes ou en ruine ; on ne relève plus celles qui tombent ; on meurt ou l'on quitte le pays. La cherté des choses nécessaires et indispensables à la vie en est la cause, c'est d'elle que naît la misère, et de la misère naît la dépopulation. On meurt de faim, faute d'aliments convenables, et les pauvres gens ne peuvent pas même se rassasier d'herbes. La détresse est au comble et il est à craindre que la force de la race ne dégénère. Espérons néanmoins que la haute raison du roi mettra un terme au désordre et que son rare discernement remédiera à l'état misérable du peuple. Il dépend de *lui que la vie ressaisisse ce qu'envahit la mort.* Pour moi, habitante des champs, j'ai souvent observé, en examinant les ruches du voisin, que, tant que les abeilles sont en nombre et dans de bonnes conditions, elles fabriquent gaiement leurs rayons et produisent beaucoup de miel ; il y en a suffisamment pour elles et pour le maître, pourvu qu'il leur laisse la provision d'hiver ; mais quand il prend tout pour lui et ' ne leur laisse rien, il y perd au lien de gagner, car il n'a plus dans ce cas, ni miel ni abeilles (1). »

Avertissement prophétique et que Philippe II ne sut pas entendre ! L'exposé des doléances publiques prête facilement à l'exagération ; les faits particuliers y sont presque toujours arbitrairement généralisés. Ici, au contraire, le récit est beaucoup plus modéré que les faits ne le sont eux-mêmes. En ce qui concerne la dépopulation, le mal est certain, bien qu'on ne puisse le préciser qu'approximativement, en raison du manque de statistiques complètes. Mais les doléances des Cortès et les documents des *Relaciones topographicas* (2) ne laissent aucun doute à ce sujet.

(1) Ce passage de *Vera Medicina* est cité par Guardia, dans son introduction à *l'Art de gouverner*, p. LXV.
(2) Résultats incomplets d'une grande enquête statistique commencée en 1574.

Dans les grandes villes comme Grenade, Tolède, Ségovie, Séville, Cuencas, une quantité
de maisons autrefois peuplées sont désertes.
Les Cortès de Valladolid de 1602 constatent
que les villages qui comptaient autrefois cent
feux sont réduits à moins de dix ou à aucun.
Un opuscule de Pedro Simon Abril signale que
l'Espagne est réduite au quart de ses habitants.
L'estimation est certainement exagérée (1). Elle
prouve cependant l'existence d'un mal que la
politique mangeuse d'hommes de Philippe ne
pouvait qu'aggraver.

Que Philippe ait pris tout le bien des
abeilles en respectant celui des frelons, on
n'en saurait douter. Au début de son règne, la
dette publique s'élevait à trente-cinq millions
de ducats ; à la fin, elle se chiffrait à cent millions. Il laissait à son successeur, avec cette
dette énorme pour l'époque, un trésor complètement à sec. (Déclaration de Philippe III aux

(1) D'après Canovas del Castillo (*Dictionnaire de politique de Barca et Suarez*), la population n'aurait baissé
que d'un cinquième, de dix millions d'habitants à huit.
Rafael Altamira y Crevea (*Historia de España*, III,
486, 733) pense que le fait général est certain, mais les
précisions douteuses, en raison du manque de documents.

Cortès de Castille, 1598.) Philippe II avait essayé d'alléger le fardeau de la dette en cessant de servir les intérêts dus aux banquiers génois. Cette mesure ayant l'inconvénient de supprimer aussi le crédit de l'Espagne, il fallut payer et passer sous les fourches caudines des financiers, c'est-à-dire subir leurs prêts usuraires, dont le taux s'élevait jusqu'à vingt et trente pour cent. Ce ne sont pas non plus les expédients auxquels il fut obligé de recourir, vente d'offices, d'emplois, de titres de noblesse, de villages et seigneuries, confiscation des biens particuliers, qui pouvaient combler le déficit et subvenir à sa politique onéreuse, encore moins les recettes des alchimistes et les essais de fraude sur les monnaies. L'impôt demeurait la ressource suprême, et comme la fiscalité pesait surtout sur la partie productive de la nation, il ruinait l'agriculture, le commerce et l'industrie. « Personne n'a d'argent ni de crédit, disent les Cortês de la fin du règne, en un pays complètement ruiné. Les alcabalas (taxes) (1) ont tué le commerce. » Celles de 1573 constatent que la plupart des personnes

_____

(1) Ces taxes avaient été triplées en 1575. Le roi dut les réduire devant les clameurs du commerce.

à qui leur travail personnel procurait de l'ai-
sauce autrefois sont, à présent, ou des indi-
gents inutiles et misérables, ou des vagabonds
et larrons. L'agriculture et l'industrie subis-
saient également des impôts vexatoires ; les
droits de douane étaient toujours trop élevés
pour permettre le libre jeu de l'importation et
de l'exportation et faciliter ainsi la circulation
du numéraire. D'autre part, nombre de mesures prohibitives, comme celles, notamment,
qui défendaient certaines exportations (celle
des métaux précieux par exemple), par des
conséquences immédiates ou lointaines, rendaient toute prospérité économique impossible.

Hors quelques grandes fortunes particulières
et la richesse des couvents, la misère était générale en Espagne à la fin du xvi⁰ siècle. Le pays
apparaissait désert sur de grands espaces, sans
routes viables, sans habitations. Çà et là, des
villages ruinés avec un peuple dégoûté du travail, incapable et miséreux. Morosini écrit en
1598 (1) : «L'Espagne est habitée en grande partie par des hommes de petite stature, de couleur
brune, d'un naturel altier, pourvu qu'ils soient

(1) Albéri, V, 281.

en force, mais sachant se montrer humbles lorsqu'ils se sentent inférieurs. Ils sont peu habiles à aucune sorte d'arts mécaniques. Ils cultivent la terre avec négligence, et dans les ouvrages manuels tellement paresseux et lents que ce qui se ferait dans un autre lieu en un mois ne s'accomplit pas en Espagne en quatre ; et ils sont en cette matière d'un esprit si bouché, que dans tous ces royaumes, il se peut dire qu'on ne voit ni édifice, ni autre chose sérieuse, si ce n'est quelque antiquité datant des Romains et quelques autres choses édifiées par les rois maures. Les maisons sont faites avec des matériaux mauvais et d'une manière peu judicieuse. La maison ne dure guère plus que celui qui l'a construite (1). »

La négligence, l'incurie, sont générales. Morosini remarque que les cités sont mal tenues, *sporche*, malpropres. Les rues sont le dépotoir et les latrines des particuliers. A Madrid même, autour du palais royal, on ne peut marcher à pied sans s'embrenner (2). On ne sait plus

---

(1) A Madrid même : « L'e case sono cattive et brutte et fatti quasi tutti di terra. » *Diario de Camillo Borghese*, publié par Alfred Morel-Fatio, dans l'*Espagne au XVI*e *et au XVII*e *siècle.*

(2) « A le strade larghe, le quale sariano belle, se non

exploiter les mines ; les métiers d'art sont exercés par des étrangers. On ne rencontre que gens faméliques. Les pauvres se rassemblent par centaines aux portes des couvents. Les mauvais lieux sont infestés de vagabonds et de spadassins. Le parasitisme, la concussion, la vénalité, se propagent comme une lèpre. Dans chaque ville, la prostitution, cette sœur honteuse de la misère, occupe une large place (1).

Dans ce pays surmené et qui s'abandonne, la paresse, l'*holgazaneria nacional*, devient presque une vertu ou, en tout cas, une condition de la dignité personnelle. On la sanctifie. La direction donnée par Philippe vers les préoccupations spirituelles ne fait qu'accentuer la disposition de ce peuple au mépris du travail, qui est considéré par lui comme l'apa-

fusse il fango et la sporcita che hanno... fanno tutti i loro bisogni ne i vasi, quali votano poi nella strada, cosa che rende un fettore intollerabile... con tutto cio non e possibile andarvi a piede... *Ibid*. Mêmes indications dans Martinus Zeillerus : *Hispaniæ et Lusitaniæ itinerarium*, p. 146.

(1) « La puteria publica que tan comun es en España que muchos primero iran a ella que a la iglesia, entrando en una ciudad... » Archero Cock, *Viage*, publié par Alfred Morel-Fatio.

nage des esclaves, des Maures et des juifs, que
l'on traque et décime d'ailleurs. En tolérant
les enquêtes de *limpieza*, dont le but était de
savoir si les candidats aux fonctions publiques
n'avaient point de sang israélite ou maure dans
les veines, auquel cas ils étaient exclus, Philippe, avec la fatalité qui s'attache à ses mesures, n'avait fait qu'encourager les vieux chrétiens à se vouer exclusivement à l'oisiveté ou
aux sinécures. Une robe de moine ou un bon-
net de juge étaient considérés par les pacifiques
comme une bonne affaire pour la vie. *Non hay
casa medrada sin cabezza rapada* :« il n'y a point
de maison prospère sans tête tonsurée », dit un
proverbe, et, selon le mot de Cervantès, en
Espagne, « lorsque les gens de loi sont mal grais-
sés, ils grincent plus que des roues de char-
rette ». Pour ceux qui avaient l'esprit belliqueux
une place de soldat ou d'officier était leur seule
ambition. Quant à ceux qui ne pouvaient
trouver quelque emploi, si précaire fût-il, ils
entraient dans la clientèle d'un seigneur, s'ils
étaient quelque peu nobles, ou bien tombaient dans la mendicité et le vagabondage. En faisant argent des titres de noblesse
Philippe augmentait sans cesse le contin-
gent de ces *hidalgos* inutiles, improductifs et

altiers (1), déjà si nombreux et si dépenaillés.

Si la situation intérieure de l'Espagne était désastreuse à la fin du règne de Philippe, sa position internationale se trouvait également en plein déclin. En somme, Philippe n'avait réellement menéà bien que sa tâche spirituelle. L'unité de la foi était maintenue en Espagne, où elle n'avait jamais été sérieusement menacée d'ailleurs. Mais la lutte pour une aspiration de l'âme s'était faite au détriment du corps, qu'elle épuisa pour des siècles. Les tares d'un individu peuvent se répercuter longtemps dans la famille et même ne produire leurs pires conséquences que bien longtemps après celui qui a introduit les mauvais germes dans la race. Il en est de même des fautes d'un peuple contre lui-même, leur portée est à très longue échéance. C'est surtout dans la décadence ultérieure de l'Espagne qu'il faut chercher le fruit de la politique de Philippe II. Il avait lancé son pays sur une pente si accusée qu'il devait la descendre jusqu'au bout. La sagesse de ses successeurs ne pouvait que ralentir la chute, et leur folie que la précipiter.

(1) Somos *hidalgos* como *el rey*, *dineros menos* : « nous sommes gentilhommes comme le roi, l'argent en moins », avaient-ils coutume de dire. Brantôme, *Rodomontades*.

Si la valeur humaine d'un individu est répu-
tée bonne et salutaire lorsqu'elle a fait son
propre bonheur et contribué autant qu'il était
en lui à celui des autres ; si, en dehors de l'utile,
on la trouve belle, exemplaire, digne de l'humanité qu'il porte en lui, par la plénitude de
sa vie et la hiérarchie légitime de ses actions,
celle de Philippe apparaîtra comme incomplète,
morbide, déséquilibrée en elle-même et néfaste
pour l'humanité. Intolérant, persécuteur, cruel
de sang-froid, Philippe, comme tous les fanatiques, était un vrai bourreau de l'humanité.
Son œuvre est une immense douleur humaine
qui agonise dans les prisons, hurle sur les
bûchers ou s'échevèle et râle dans les villes
mises à sac ou au milieu des populations per-
sécutées. Le naturel domestique de Philippe
était doux et pacifique, mais accouplé à une
âme criminelle, à une âme qui aurait pu être
celle d'un saint, sans ses mauvaises fréquenta-
tions avec les passions profanes. Si l'on oublie
la multitude d'hommes qui ont souffert à cause
de Philippe, si l'on ne réveille pas les victimes,
les aberrations de ce roi pourront être enseve-
lies sous les détails ordinaires de sa vie. Mais
ainsi l'histoire de cabinet ne pénétrera pas
dans la forêt frémissante des hommes pour y

saisir la vérité qui leur importe le plus : celle qui fixe le sens et la valeur du passé par rapport à la destinée de l'homme, de la race et de l'humanité.

TABLE DES MATIÈRES

Poitiers. — Société française d'Imprimerie.